Ultimative Leckerbissen

Burger

für echten Genuss

EDITION XXL

Inhalt

Damit Sie auf einen Blick erkennen, woraus der Patty besteht (z. B. aus Fleisch, Fisch oder Getreide), haben wir jedes Rezept mit einem der oben abgebildeten Buttons gekennzeichnet.

Hinweis: Die Rezepte in diesem Buch sind für 4 Personen berechnet, d. h. sie ergeben jeweils 4 Burger. Bei kleinen Burgern sind jeweils 2–4 pro Person vorgesehen.

Vorwort

Noch vor nicht allzu langer Zeit galt er noch als Junkfood – mittlerweile ist er fast zur Delikatesse avanciert: der Hamburger. Sogar Spitzenköche haben ihn in ihr Repertoire aufgenommen und somit salonfähig gemacht. Natürlich reden wir nicht von den Hamburgern, die man in den üblichen Fastfood-Restaurants erhält, sondern von hausgemachten Exemplaren. Frisch gebackene Brötchen, saftig gebratenes Fleisch, knackige Salate und selbstgemachte Dips und Soßen – auf diese Weise zubereitete Hamburger sind ein Leckerbissen, den Sie auch Ihren Gästen servieren können.

Die Rezeptauswahl in diesem Buch zeigt, wie variantenreich und vielfältig ein Burger sein kann. Überraschen Sie Ihre Familie oder Freunde doch einmal mit einem Burger mit Avocado, Bacon und Sprossen, mit Harissa, Grillgemüse und Halloumi oder mit Fisch und Ingwer-Mayonnaise. Oder laden Sie zu einem Grillfest ein, bei dem die Gäste ganz nach Lust und Laune ihre Burger selbst zusammenstellen können. Die passenden Rezepte für selbstgemachte Buns (Burger-Brötchen), Pattys (Bratlinge) und Soßen und Dips finden Sie im Ratgeberteil. Ob Sie gerne Fleisch oder Fisch essen, sich vegetarisch oder vegan ernähren – hier findet jeder sein Burger-Glück!

Ich wünsche Ihnen viel Spaß beim Zubereiten
und einen guten Appetit!

Ihr
Felix Weber

Der Hamburger gilt hierzulande als typischer Vertreter der amerikanischen Küche. Warum er ausgerechnet den Namen einer deutschen Großstadt trägt – dazu gibt es unterschiedliche Theorien. Eine davon lautet, dass der Hamburger auf einen früher in Hamburg beliebten Snack zurückzuführen sei: das „Rundstück warm", ein Weizenbrötchen mit einer Bratenscheibe und Soße. Deutsche Einwanderer sollen das Rezept mit in die USA gebracht haben.

Eine weitere Annahme bezieht sich auf das „Hamburger Steak", ebenfalls ein Einwandererrezept. Weitere Mutmaßungen besagen, der Name könne auf den im Bundesstaat New York gelegenen Ort Hamburg zurückgehen. Da aber auch dieser Ort nach der deutschen Großstadt benannt ist, führen letztlich alle Wege in die Hansestadt. Unbestritten ist, dass der kulinarische Siegeszug des Hamburgers von Amerika ausging und er heute ein fester Bestandteil unserer Schnellimbiss-Kultur ist.

Der bekannte und beliebte Hamburger, der in aller Welt in den verschiedenen Fastfood-Restaurants verkauft wird, besteht im Grunde aus drei Komponenten: dem *Bun* (ein weiches Brötchen), dem *Patty* (gegrilltes Rinderhackfleisch oder ein anderer Bratling) und den *Toppings* (Salat, Käse, Mayonnaise usw.). Der Geschmack des Hamburgers hängt ganz entscheidend von der Qualität jeder einzelnen dieser Komponenten ab.

Der von vielen als ungesund geächtete Snack lässt sich mit den richtigen Zutaten ganz einfach in eine zeitgemäße, gesunde und schmackhafte Mahlzeit verwandeln. Ersetzen Sie das Bun durch ein Roggenbrötchen, vielleicht sogar selbst gebacken, nehmen Sie dazu einen saftig gegrillten Patty oder einen Getreidebratling und belegen Sie das Ganze mit einem Topping aus knackig-frischen Salatblättern oder gegartem Gemüse. Dazu noch eine würzige Mayonnaise oder scharfe Salsa – und der Burger-Genuss ist perfekt!

Die Rezepte für Buns, Pattys und Toppings auf den folgenden Seiten können Sie beliebig kombinieren und so Ihren eigenen Burger kreieren. Je nachdem, wieviel Zeit Ihnen zur Vorbereitung zur Verfügung steht, können Sie bei den Rezepten im Hauptteil z. B. fertig gekaufte Buns durch selbst gebackene oder Mayonnaise durch frisch gerührte Aioli ersetzen. Und mit den passenden Beilagen, wie z. B. Wedges oder Weißkohlsalat, wird der Burger im Handumdrehen zu einer vollständigen Mahlzeit.

Kleines Burger-Lexikon

Bun = Hamburger-Brötchen
Cheeseburger = Hamburger mit zusätzlich einer Scheibe Käse
Chickenburger = Hamburger mit Hühnerfleisch
Coleslaw = amerikanischer Krautsalat
Fries = frittierte, längliche Kartoffelstücke
Patty = gegrillte Scheibe aus Rinderhackfleisch (ersatzweise aus anderem Fleisch, Fisch, Getreide oder Tofu)
Slider = kleiner Hamburger
Sloppy Joe = Hamburger-Brötchen mit Hackfleischsoße
Topping = Belag aus Salat, Gemüse, Mayonnaise, Ketchup o.Ä.
Veggie-Burger = vegetarischer Hamburger mit Getreide- oder Tofubratling
Wedges = im Backofen gebackene, gewürzte Kartoffelstücke

Küchenausstattung

Das meiste Zubehör, das für die Zubereitung eines Burgers benötigt wird, gehört zur üblichen Küchenausstattung: Pfanne, Schüssel, Messer, Schneidebrett etc. Wer Wert auf perfekt geformte Pattys legt, sollte sich eine **Burgerpresse** anschaffen. Damit lässt sich ein Fleisch-Patty perfekt formen. Die meisten Burgerpressen haben eine Antihaft-Beschichtung, wodurch sich die Pattys leicht herauslösen lassen. Zum Grillen eignet sich am besten ein klassischer **Holzkohlegrill**, da hier das typische rauchige Aroma erzielt wird. Aber ein **Gas-** oder **Elektrogrill** oder auch einfach eine geriffelte **Grillpfanne** sind ebenso geeignet.

Mit einer Burgerpresse lassen sich regelmäßig geformte Fleischpattys herstellen.

Zutaten und Grundrezepte

Pattys

Die wichtigste Zutat eines traditionellen Hamburgers ist das Patty: eine gegrillte Rinderhackfleischscheibe. Man kann ein Patty aber ebensogut aus Fisch, Getreide oder Tofu herstellen. Das Patty sollte 2 bis 3 cm dick sein. Wenn man es vor dem Braten mit einem Löffel in der Mitte etwas eindrückt, wölbt es sich nicht und bleibt schön flach.

Beim Kauf von **Rindfleisch** sollten Sie darauf achten, dass es nicht zu mager ist. Fett ist ein Geschmacksträger und das Fleisch bleibt dadurch auch saftig. Ideal ist ein Fettgehalt von ca. 20 Prozent. Denken Sie daran, dass die Qualität des Fleisches entscheidend zum Geschmack des Burgers beiträgt. Am besten kaufen Sie das Fleisch beim Metzger und lassen es dort frisch durch den Fleischwolf drehen.

Weitere Fleischsorten, die sich für die Herstellung von Pattys eignen, sind **Schwein, Kalb, Lamm, Hähnchen, Pute** oder **Wild**.

Für Fischburger gibt es zwei Möglichkeiten: Entweder Sie legen ein Stück paniertes und gebratenes **Fischfilet** zwischen die Brötchen bzw. der Einfachheit halber **Fischstäbchen**, was besonders bei Kindern gut ankommt. Oder Sie formen aus zerkleinertem Fisch oder Meeresfrüchten eine **Fischfrikadelle** und kommen damit dem Original zumindest optisch recht nahe.

Auch Vegetarier oder Veganer müssen nicht auf Burger verzichten. Es gibt sehr leckere Rezepte für Pattys aus gemahlenem **Getreide** (z. B. Grünkern, Dinkel, Bulgur, Hirse), zerkleinerten **Hülsenfrüchten** (z. B. Bohnen, Linsen, Kichererbsen) oder **Tofu**. Ob mit exotischen Gewürzen oder frischen Kräutern angereichert – vegetarische Bratlinge sind unglaublich vielseitig, aromatisch und nebenbei auch noch gesund.

Die folgenden Grundrezepte können Sie nach Belieben variieren, z. B. das Rinderhackfleisch durch eine andere Fleischsorte ersetzen oder für den Getreidebratling statt Grünkern anderes Getreide wie Hirse o. Ä. verwenden.

Grundrezept

Patty aus Rinderhackfleisch

Zutaten
(für 10 Pattys)

- 1 kleine Zwiebel
- 1 kg Rinderhackfleisch
- 1 Eigelb
- Paprika- oder Cayennepulver
- 1 EL Pflanzenöl
- Salz, Pfeffer

Zubereitung:

1 Die Zwiebel abziehen und fein hacken. Das Hackfleisch mit dem Eigelb und der Zwiebel vermischen. Mit Pfeffer, Salz und etwas Paprika- oder Cayennepulver würzen.

2 Entweder mit den Händen oder in einer Hamburgerpresse 10 runde, flache Scheiben formen. In einer Grillpfanne das Öl erhitzen und die Pattys darin von beiden Seiten scharf anbraten.

Grundrezept

Grünkernbratling

Zutaten
(für 8 Pattys):

- 200 g geschroteter Grünkern
- 450 ml Gemüsebrühe
- 1 Karotte
- 1 Zwiebel
- 2 – 3 Stängel Petersilie
- 1 Ei
- 2 EL Semmelbrösel
- 1 EL Pflanzenöl
- Salz, Pfeffer

Zubereitung

1 Das Grünkernschrot und die Gemüsebrühe in einem Topf verrühren, aufkochen lassen und dann auf niedriger Stufe ca. 15 Minuten köcheln.

2 Die Petersilie waschen und trocken schütteln. Die Zwiebel abziehen. Beides fein hacken, die Karotte schälen und grob raspeln. Zu dem abgekühlten Grünkern geben, mit dem Ei und den Semmelbröseln vermischen und mit Salz und Pfeffer würzen.

3 Die Hände anfeuchten und aus der Masse 8 Bratlinge formen. Das Öl in einer Pfanne erhitzen und die Bratlinge darin von beiden Seiten goldbraun braten.

ZUTATEN
FÜR 4 PERSONEN
ZUBEREITUNGSZEIT: 30 MIN

4 BURGERBRÖTCHEN
700 G LACHSFILET OHNE HAUT
1/4 BUND FRISCHER ESTRAGON
1/4 BUND FRISCHER DILL
1/4 BUND FRISCHE PETERSILIE
1/4 TL KORIANDERSAMEN
ETWAS FRISCHER INGWER
250 G MAYONNAISE
4 EL GEWÜRZGURKEN
1 EL KARPERN
2 SARDELLENFILETS
1 TL DIJONSENF
1 GROSSE SCHALOTTE
1 EIGELB
KORIANDER ZUM GARNIEREN
200 G PANKOMEHL
ETWAS PFLANZENÖL
SALZ & PFEFFER

Bei Alternativen zum herkömmlichen Burger geht es schnell um vegetarische oder vegane Varianten. Aus Fisch lässt sich jedoch nicht nur ein gutes Filet zaubern, sondern auch Burgerpatties, die sich hervorragend zu selbst gemachter Remoulade eignen. Wer geschmacklich wirklich nichts dem Zufall überlassen und alles selbst machen will, kann sich an das Backen der eigenen Brötchen wagen.

ZUBEREITUNG

1. Lachs in dünne Streifen schneiden und fein hacken, bis es eine mit Tatar vergleichbare Konsistenz bekommt. Kräuter hacken, Koriandersamen mahlen und Ingwer reiben. Je vier Teelöffel Petersilie, Estragon und Dill, dann Koriandersamen in einer Schüssel mit Lachs sowie Pfeffer und Salz vermengen. Die Mischung zehn Minuten im Kühlschrank fest werden lassen

2. Währenddessen für die Remoulade Gewürzgurken, Kapern und Sardellenfilets hacken und Schalotte würfeln. Das Ganze mit Mayonnaise, Dijonsenf, je einem Teelöffel Petersilie und Estragon sowie etwas Salz vermengen.

3. Eine Schüssel mit Pankomehl und eine mit verquirltem Eigelb bereitstellen. Dann vier gleichgroße Patties aus der Lachs-Mischung formen, leicht in Eigelb wenden und vorsichtig in Pankomehl drücken. Nicht wenden, sondern die Oberseite mit Pankomehl bestreuen.

4. Eine Pfanne mit etwas Pflanzenöl auf mittlere Hitze bringen. Die Lachspatties vorsichtig in die Pfanne geben und fünf Minuten auf jeder Seite braten, bis sie goldbraun sind. Die Hitze reduzieren, falls die Brösel anfangen, anzubrennen.

5. Burgerbrötchen oder Black Buns mit Remoulade, je einem Pattie und restlichem frischen Estragon und Dill belegen.

5. Währenddessen Brioches toasten und die untere Hälfte jeweils mit Barbecue-Sauce bestreichen. Je mit einer Handvoll Babyspinat und einem überbackenen Pattie belegen und zum Schluss die Apfel-Zwiebelmischung darüber geben. Mit zweiter Brioche-Hälfte zudecken und servieren.

GOURMET-VEGGIE-BURGER

PORTOBELLO-BURGER

ZUTATEN
FÜR 4 PERSONEN
ZUBEREITUNGSZEIT: 30 MIN

4 PORTOBELLO-PILZE (MITTELGROSS)
4 EL OLIVENÖL
1/4 BUND FRISCHE PETERSILIE
6 ZWEIGE THYMIAN
1 TL ZUCKER
1 KNOBLAUCHZEHE
1 GROSSE GEMÜSEZWIEBEL
1/2 ZIEGENKÄSEROLLE
1 EL ZUCKER
300 ML TROCKENER ROTWEIN
20 G BUTTER
4 BURGER BUNS
1 EL KÖRNIGER SENF
1 HANDVOLL FELDSALAT

Riesenpilz statt Fleischboulette – warum nicht? Dieser saftigste aller Gemüseburger ist auch für Fleischliebhaber kein bloßer Abklatsch, sondern eine überzeugende Gourmet-Variation mit Riesenchampignon. Statt gekaufter Brötchen empfehlen wir unsere Burger Buns und selbst gemachten körnigen Senf.

ZUBEREITUNG

1. Knoblauch abziehen und fein hacken. Petersilie und Thymian ebenfalls hacken. Alles miteinander vermengen.
2. Pilze putzen und Stiele entfernen. Dann die Pilzhüte mit etwas Olivenöl von Innen (ca. zwei Esslöffel) und Außen (ca. ein Esslöffel) bestreichen und mit den Kräutern füllen.
3. Das restliche Olivenöl in einer gusseisernen Pfanne erhitzen und die gefüllten Portobello-Pilze darin mit den Pilzhüten nach oben für ca. acht Minuten braten. Währenddessen den Backofen auf 220 °C Ober- und Unterhitze vorheizen.
4. Ziegenkäserolle in ca. 1,5 cm dicke Scheiben schneiden. Die Pilze umdrehen und mit jeweils einer Scheibe Ziegenkäse belegen. Das Ganze für ca. 15 Minuten im Backofen garen.
5. In der Zwischenzeit Gemüsezwiebel schälen und in feine Ringe schneiden. Zucker in einer Pfanne karamellisieren lassen, mit Rotwein ablöschen, Butter darin zerlassen und die Zwiebelringe darin für 25 Minuten karamellisieren.
6. Die Burger Buns aufschneiden und mit körnigem Senf bestreichen. Jeweils mit etwas Feldsalat, einem gefüllten Portobello-Pilz und karamellisierten Zwiebelringen belegen.

KLEINE BRÖTCHEN, GANZ GROSS

BURGER BUNS

ZUTATEN
FÜR 4 PERSONEN
ZUBEREITUNGSZEIT: 40 MIN

- 2 EL TROCKENHEFE
- 280 ML WASSER
- 2 EL ZUCKER
- 80 ML BUTTER
- 2 EIER
- 500 G MEHL (TYP 550)
- 2 TL SALZ
- 80 ML MILCH
- ETWAS SESAM

Burger sind nicht gleich Burger. Mittlerweile ist ein wahrer Hype um das amerikanische „Fast Food"-Gericht entstanden und in deutschen Städten sprießen die Burgerrestaurants gerade zu aus dem Boden. Dabei geht es schon lange nicht mehr um ein schnelles und einfaches Essen. Denn ein wirklich guter Burger schmeckt erst so richtig gut, wenn er mit viel Liebe und echtem Küchenhandwerk gezaubert wurde. Einer der wichtigsten Bestandteile: Die Burger Buns. Hier zeigen wir, wie sie gut gelingen.

ZUBEREITUNG

1. 200 ml lauwarmes Wasser, 60 ml Milch, Zucker und Trockenhefe in eine Schüssel geben und mit einem Schneebesen gut verrühren. Fünf Minuten ruhen lassen. Währenddessen Butter schmelzen.
2. Salz, geschmolzene Butter und ein Ei mit dem Schneebesen unterheben. 450 g Mehl zu geben und alles für drei bis fünf Minuten zu einem Teig verkneten. Mit einem Küchentuch abdecken und für 60 Minuten an einem warmen Ort gehen lassen.
3. Backblech einfetten und das restliche Mehl auf einem Küchenbrett verteilen um darin tennisballgroße Teigkugeln zu kneten. Diese auf dem gefetteten Blech platzieren, darauf etwas platt drücken und dann weitere 30 Minuten gehen lassen.
4. Währenddessen schon einmal den Backofen auf 180 °C Ober- und Unterhitze vorheizen und das übrige Ei, das restliche Wasser und die restliche Milch in einer kleinen Schale verquirlen.
5. Die Burger Buns mit der Milch-Ei-Masse bestreichen und dann mit etwas Sesam bestreuen.
6. Bei 180 °C Ober- und Unterhitze für ca. 15 – 20 Minuten im vorgeheizten Backofen backen.

ROSTBRATWURST MAL ANDERS

THÜRINGER BURGER

ZUTATEN
FÜR 4 PERSONEN
ZUBEREITUNGSZEIT: 30 MIN

4 THÜRINGER WÜRSTCHEN
50 G EMMENTALER
1 EL FRISCHER MAJORAN
2 EL SCHWARZBIER
1/2 GETROCKNETES BRÖTCHEN
ETWAS PFLANZENÖL
4 BURGERBRÖTCHEN
50 G SENF
60 G SAURE SAHNE
10 STILE FRISCHE PETERSILIE
10 STILE FRISCHER SCHNITTLAUCH
10 STILE FRISCHER DILL
2 EIGELB
4 EL SAUERKRAUT
SALZ & PFEFFER

Liebe Thüringer Rostbratwurst. Manchmal ist es an der Zeit für Veränderungen. Hier ein Vorschlag von uns für Dich: Wir wissen, du hast dich schon so an deinen Platz zwischen zwei Brötchenhälften gewöhnt und den wollen wir dir nicht nehmen. Aber wie wäre es, die Komfortzone einfach mal zu verlassen? Zu einem Pattie geformt und mit Schwarzbier abgeschmeckt kannst du, begleitet von Remoulade und Sauerkraut, als Thüringer Burger vielleicht ganz neue Fans gewinnen. Unser kulinarisches Herz hast du jedenfalls bereits erobert.

ZUBEREITUNG

1. Emmentaler reiben und frische Kräuter hacken.
2. Die Würstchen aufschneiden und aus der Pelle befreien. Dann in eine Schüssel geben und Emmentaler sowie gehackten Majoran hinzufügen. Mit Schwarzbier übergießen.
3. Brötchen reiben und vier bis sechs Esslöffel mit in die Schüssel geben. Alles zu einer festen Masse verarbeiten. Falls die Masse zu feucht ist, einfach noch etwas mehr geriebenes Brötchen hinzufügen.
4. Aus der Fleischmasse vier gleich große Patties formen. Mit Salz und Pfeffer würzen und mit Pflanzenöl bestreichen. Eine Pfanne auf mittlere Temperatur erhitzen und die Patties darin auf beiden Seiten grillen bis sie goldbraun sind (ca. sechs Minuten pro Seite).
5. Währenddessen für die Remoulade zwei Eier ca. neun Minuten hart kochen. Saure Sahne und Senf in eine Schale geben. Die übrigen gehackten Kräuter (Petersilie, Schnittlauch und Dill) hinzufügen. Anschließend die Eigelbe aus den gekochten Eiern herauslöffeln und mit unterheben. Alles gut verrühren und mit Salz abschmecken.
6. Brötchen in einer Grillpfanne kurz anrösten. Dann mit Remoulade bestreichen und die gebratenen Patties darauf platzieren. Mit Sauerkraut garnieren und zum Schluss mit dem Brötchendeckel zudecken.

DUNKELSCHWARZ

BLACK BUNS

ZUTATEN
FÜR 4 PERSONEN
ZUBEREITUNGSZEIT: 80 MIN

- 8 – 12 MEDIZINISCHE KOHLETABLETTEN ODER 4 G SEPIATINTE
- 4 EL APFELSAFT
- 500 G MEHL
- 2 TL TROCKENHEFE
- 2 TL ZUCKER
- 2 TL SALZ
- 250 ML WARMES WASSER
- 1 EIWEISS
- ETWAS SCHWARZEN SESAM
- MEHL ZUM BESTÄUBEN

Während schwarzes Goth-Eis oder zumindest schwarze Waffeln die Eisdielen des Landes erobern, haben wir uns an dem Schwarztrend in Burgerbrötchenform probiert. Die Ästhetik der Buns strahlt eine gewisse Eleganz aus. Auf den ersten Blick könnte man aber auch meinen, die Brötchen wären angebrannt. Geschmacklich sind kaum Unterschiede zu ungefärbten Brötchen zu bemerken – im Hinblick auf den Kontrast zu so ziemlich jedem Belag dafür umso mehr!

ZUBEREITUNG

1. Kohletabletten mörsern und davon mindestens 2 TL mit Apfelsaft mischen.
2. In einer großen Schüssel Mehl, Trockenhefe, Zucker und Salz miteinander vermengen. Dann warmes Wasser und die Kohlemischung bzw. Sepiatinte hinzufügen.

Achtung: Kohletabletten sind ein Arzneimittel, das nicht im Übermaß verzehrt werden sollte. So sollten 1 – 2 Black Buns pro Person bedenkenlos sein – mehrere Brötchen werden den Körper höchstwahrscheinlich länger als gewohnt nicht „verlassen". Auch bei der Verwendung von Sepiatinte sollte beachtet werden, dass dies Tinte von Tintenfischen stammt und deshalb einen fischigen Beigeschmack mit sich bringen kann. In Kombination mit Lachs oder anderem Fisch als Belag ist das aber trotzdem eine feine Sache.

3. Mit einem Handrührgerät mit Knethaken zu einem festen Teig verarbeiten. Mit einem sauberen Geschirrtuch abdecken und 30 – 45 Minuten an einem warmen Ort ruhen lassen, bis der Teig sich verdoppelt hat.
4. Auf einer bemehlten Fläche den Teig in sechs gleiche Teile schneiden. Zu Burgerbrötchen formen, abdecken und nochmals für 30 Minuten aufgehen lassen. Währenddessen den Backofen auf 220 °C vorheizen.
5. Die obere Seite der Black Buns mit Eiweiß einpinseln und mit schwarzem Sesam bestreuen. Dann für eine Stunde backen.

DEFTIGER START IN DEN TAG

BREAKFAST BURGER

ZUTATEN
FÜR 4 PERSONEN
ZUBEREITUNGSZEIT: 30 MIN

50 ML KETCHUP
1 TL BRAUNER ZUCKER
1 TL WORCESTERSHIRESAUCE
1/2 TL CHILIPULVER
1/2 FRISCHE CHILI
750 G RINDERHACKFLEISCH
1TL PAPRIKAPULVER, EDELSÜSS
4 SCHEIBEN BACON
4 GROSSE EIER
4 HAMBURGER BUNS
4 TL BUTTER
4 SCHEIBEN CHEDDAR
ETWAS SALZ & PFEFFER

Croissant, Marmelade und Café au Lait waren gestern. Hier kommt das Frühstück für alle, die den Morgen gern überspringen und direkt in den Tag starten wollen: Der Breakfast Burger. Schnell, einfach und super lecker.

ZUBEREITUNG

1. Backofen auf 180° Ober- und Unterhitze vorheizen. Chili in kleine Stücke hacken. Ketchup, Zucker, Chilipulver & gehackte Chili in eine Schale geben und vermengen.
2. Hackfleisch und Worcestershiresauce in einer separaten Schüssel vermengen und mit Paprikapulver, Pfeffer und Salz würzen. Aus der Hackfleischmasse flache, handtellergroße Patties formen.
3. Butter in einer Pfanne zerlassen und die Patties darin anbraten. Jeweils eine Scheibe Cheddar auf die gebratenen Patties legen und schmelzen lassen.
4. Bacon und Eier in ein einer Pfanne kurz anbraten.
5. Die Burger Buns im Ofen anwärmen und dann großzügig mit der Sauce bestreichen. Mit Hackfleisch-Patties, Bacon und Ei belegen.

DEFTIG-SÜSSE VERSUCHUNG

APFEL-SCHWEINEBURGER

ZUTATEN
FÜR 4 PERSONEN
ZUBEREITUNGSZEIT: 30 MIN

600 G SCHWEINEHACKFLEISCH
5 EL APFELMUS
1 TL HARISSA
1 TL SALZ
160 G ROQUEFORTKÄSE
4 HANDVOLL BABYSPINAT
2 ÄPFEL (Z.B. DER SORTE BERLEPSCH)
100 ML APFELSAFT
1 EL APFELESSIG
1 ZWIEBEL
ETWAS BUTTER
ETWAS ÖL
4 ROSINENBUNS
ETWAS BARBECUE-SAUCE
ROSINEN-BRIOCHES
SALZ & PFEFFER

Der Burger ist schon lange nicht mehr das, wofür er einst gehalten wurde: Die ungesunde, fettige Variante der guten alten Stulle, die vor allem als Fast Food vertrieben wird. Mittlerweile ist der Burger zu einem Gourmet-Schmaus avanciert, bei dem jeder Bestandteil, vom Pattie bis zum Bun, förmlich zelebriert wird. In diesem Rezept feiern wir vor allem die Kombination von süß und deftig, die sich vom Rosinen-Brioche, über die Apfel-Zwiebelmischung bis hin zum Pattie mit Apfelmus durch das gesamte Rezept zieht. Den muss man einfach probiert haben.

ZUBEREITUNG

1. Backofen auf 180 °C Oberhitze vorheizen. In einer großen Schüssel Schweinehackfleisch, Apfelmus und Harissa gut vermengen. Mit Salz und Pfeffer würzen und aus der Masse vier gleich große Patties (ca. zwei Zentimeter dick) formen. Auf einem Teller platzieren und vorerst gekühlt beiseite stellen.
2. Äpfel schälen, vom Strunk befreien und in Würfel schneiden. Zwiebeln abziehen und ebenfalls würfeln.
3. Etwas Butter in einer Pfanne zerlassen und die Zwiebeln mit den Äpfeln darin ca. zwei bis drei Minuten bei mittlerer Hitze anbraten. Mit ein wenig Zucker bestreuen, noch einmal kurz braten und dann mit Apfelsaft und Apfelessig ablöschen. Nur kurz köcheln lassen, sodass die Äpfel noch leicht bissfest sind. Mit Salz und Pfeffer abschmecken und dann vom Herd nehmen.
4. Etwas Öl in einer ofenfesten Grillpfanne erhitzen und die Fleisch-Patties vier bis fünf Minuten darin auf beiden Seiten braten. Dann Roquefort über die Patties bröseln und das Ganze bei 180 °C Oberhitze für fünf Minuten in den Ofen geben, um den Käse schmelzen zu lassen.

SERVIERT VON WELT

FOODBARN

ESSEN. TRINKEN. ENTDECKEN.

FISCHERS BURGER
LACHSBURGER

Buns

Das typische Hamburger-Brötchen heißt im Burger-Jargon „Bun" und hat eine wichtige Aufgabe: Es hält das Patty und die anderen Beläge so zusammen, dass man es mit beiden Händen halten und genussvoll hineinbeißen kann.

Vor dem Belegen werden die Schnittflächen des weichen Brötchens getoastet bzw. auf dem Grill geröstet. Auf diese Weise erhält das Bun mehr Biss und weicht nicht so schnell durch.

Natürlich kann man statt eines Buns je nach Geschmack auch andere Brötchen verwenden, z. B. Roggenbrötchen oder Ciabatta.

Grundrezept

Weizen-Bun

Zutaten
(für 10 Brötchen):

- 4 EL Milch
- 3 EL Zucker
- 1 Würfel Frischhefe
- 500 g Weizenmehl
- 1 TL Salz
- 1 Ei
- 80 g weiche Butter

Zum Bestreichen:

- 1 Ei
- 2 EL Milch
- Sesam

Zubereitung:

1 Die Milch zusammen mit 200 ml lauwarmem Wasser in eine Schüssel geben, den Zucker untermischen und die Hefe hineinbröseln. Ca. 5 Minuten ruhen lassen. Dann das Mehl, das Salz, das Ei und die Butter hinzufügen und alles zu einem geschmeidigen Teig verkneten.

2 Den Teig abgedeckt an einem warmen Ort ca. 1 Stunde gehen lassen. Aus dem Teig 10 gleichmäßig runde Kugeln formen und diese dann auf ein mit Backpapier belegtes Backblech legen. Jede Kugel zu einer Scheibe mit ca. 8 cm Durchmesser flachdrücken. Erneut 1 Stunde gehen lassen.

3 Den Backofen auf 200 °C (Umluft 180 °C) vorheizen. Das Ei mit 2 EL Wasser und 2 EL Milch verquirlen und die Buns damit bestreichen. Etwas Sesam daraufstreuen und ca. 15–20 Minuten backen, bis die Oberfläche goldbraun ist. Auf einem Kuchengitter auskühlen lassen.

Topping

Was den Belag betrifft, so sind der Fantasie generell keine Grenzen gesetzt. Je nach Geschmack lassen sich mit Bun und Patty unzählige Zutaten kombinieren.

Besonders häufig wird **Käse** verwendet, wobei sich prinzipiell alle Käsesorten als Topping eignen. Sehr beliebt sind Cheddar, Feta, Mozzarella oder Haloumi. Für Cheeseburger nimmt man am besten fetten, jungen Käse, der gut schmilzt.

Viele Burger-Liebhaber möchten auch nicht auf kross gebratene **Bacon**-Scheiben verzichten, wodurch eine besonders deftige Würze erzielt wird.

Salat ist eine nahezu obligatorische Zutat. Hier kann man mit verschiedenen Sorten variieren und z. B. Eichblattsalat, Rucola, Feldsalat oder auch Lollo rosso verwenden, der dem Ganzen zusätzlich Farbe verleiht. Frisch gekeimte **Sprossen** geben dem Burger eine knackige Note. **Gemüse** der Saison – in Scheiben, geraspelt, mariniert oder gegrillt – passt ebenfalls gut ins Burger-Bild und sogar **Obst** darf hier ab und zu eine (Neben-)Rolle spielen.

Soßen und Dips

Bevor die Buns mit Patty und Topping gefüllt werden, bestreicht man sie in der Regel mit **Mayonnaise**, **Ketchup** oder **Senf**. Probieren Sie doch einmal als Alternative eines unserer pikanten Rezepte, die wir im Folgenden zusammengestellt haben und die Sie nach Belieben kombinieren können.

Aioli

Zutaten

- 1 Eigelb
- 1 TL mittelscharfer Senf
- etwas Zitronensaft
- 150 ml Olivenöl
- 2 Knoblauchzehen
- Salz, Pfeffer

Zubereitung

Die Zutaten sollten gut gekühlt sein! Das Eigelb, den Senf und den Zitronensaft in ein hohes, sauberes Rührgefäß geben. Etwas Salz und Pfeffer hinzufügen. Alles langsam mit dem Handrührgerät verrühren. Dabei etwas Öl in einem dünnen Strahl angießen. Wenn die Mischung zu emulgieren beginnt, das restliche Öl weiter langsam angießen und dabei weiterrühren, bis sie fest ist.

Die Knoblauchzehen abziehen und zerdrücken. Unter die fertige Mayonnaise rühren.

Barbecue-Soße

Zutaten:

- 1 kleine Zwiebel
- 1 Knoblauchzehe
- 4 EL Worcestersoße
- 150 ml Tomatenketchup
- 4 EL Tomatenmark
- 2 EL Weißweinessig
- 3 EL Whisky
- 2 EL Zucker

Zubereitung

Die Zwiebel und den Knoblauch abziehen und sehr fein würfeln. Die Worcestersoße, den Ketchup, das Tomatenmark, den Essig, den Whisky und den Zucker mischen. Die Zwiebel- und Knoblauchwürfel hinzufügen und alles gut verrühren.

Salsa

Zutaten

- 1 kg Fleischtomaten
- 2 rote Zwiebeln
- 2 Knoblauchzehen
- 2 Chilischoten
- ½ Bund Koriander
- Saft von 1 Limette
- 5 EL Olivenöl
- Salz, Pfeffer

Zubereitung

Die Tomaten über Kreuz einritzen und für einige Sekunden in kochendes Wasser legen. Herausnehmen und die Haut abziehen. Stielansätze und Kerne entfernen und die Tomate klein würfeln.

Die Zwiebeln und den Knoblauch abziehen und fein hacken. Die Chilischoten entkernen und ebenfalls sehr fein hacken. Alles mit den Tomatenwürfeln mischen.

Den Koriander waschen, trocken schütteln und die Blättchen kleinhacken. Zusammen mit dem Limettensaft, dem Olivenöl, Salz und Pfeffer untermischen. Die Salsa zugedeckt mindestens 2 Stunden kalt stellen.

Guacamole

Zutaten

- 1 kleine Zwiebel
- 2 Knoblauchzehen
- 1 Chilischote
- 2 reife Avocados
- Saft von 1 Limette
- gemahlener Koriander
- Salz, Pfeffer

Zubereitung

Die Zwiebel und die Knoblauchzehen abziehen und fein hacken. Die Chilischote halbieren, entkernen und fein hacken.

Die Avocados halbieren, den Kern entfernen und mit einem Löffel das Fruchtfleisch herauskratzen. Das Avocadofleisch in einer Schüssel zerdrücken und mit der Zwiebel, dem Knoblauch und dem Chili zu einer cremigen Masse verrühren.

Sofort den Limettensaft untermischen, damit die Guacamole nicht braun wird. Mit etwas Koriander, Salz und Pfeffer würzen.

Pesto

Zutaten

- 50 g Pinienkerne
- 1 Bund Basilikum
- 2 Knoblauchzehen
- 80 g Parmesan
- ca. 125 ml Olivenöl
- Salz, Pfeffer

Zubereitung

Die Pinienkerne in einer Pfanne ohne Fett goldgelb rösten, aus der Pfanne nehmen und abkühlen lassen.

Das Basilikum abbrausen, trocken schütteln und die Blätter von den Stielen zupfen. Die Knoblauchzehen abziehen und halbieren. Den Parmesan fein reiben.

Das Basilikum, die Pinienkerne und den Knoblauch pürieren. Dabei nach und nach das Olivenöl dazugeben, bis eine sämige Masse entsteht.

Den Parmesan untermischen und das Pesto mit Salz und Pfeffer abschmecken.

Chutney aus roten Zwiebeln

Zutaten

- 1 kg rote Zwiebeln
- 1 EL Olivenöl
- 200 g Zucker
- 100 ml Rotwein
- 100 ml Balsamico
- 1 Lorbeerblatt
- Salz

Zubereitung

Die Zwiebeln abziehen, halbieren, in feine Ringe schneiden und im Olivenöl andünsten. Den Zucker, den Rotwein, den Essig und das Lorbeerblatt hinzufügen und alles ca. 15 Minuten einkochen lassen. Mit Salz abschmecken.

Hummus

Zutaten

- 1 kleine Dose Kichererbsen
- 1 Knoblauchzehe
- 1 EL Tahin (Sesammus)
- 4 EL Olivenöl
- Saft einer Zitrone
- 1 TL Kreuzkümmel
- Salz, Pfeffer

Zubereitung

Die Kichererbsen in einem Sieb abtropfen lassen. Die Knoblauchzehe abziehen und durch die Knoblauchpresse drücken.

In einer hohen Schüssel die Kichererbsen mit dem Knoblauch, dem Tahin, dem Olivenöl, dem Zitronensaft und den Gewürzen pürieren.

Rote-Bete-Relish

Zutaten

- 5 Rote Beten
- Olivenöl
- 40 g brauner Zucker
- 2 EL dunkler Balsamico
- 1 rote Zwiebel
- 1 Knoblauchzehe
- 1 Zweig Thymian
- 80 ml heller Balsamico
- Salz, Pfeffer

Zubereitung

Den Backofen auf 160 °C vorheizen. Die rote Bete gründlich waschen, halbieren und auf ein Backblech legen. Etwas Öl mit Salz, dem braunen Zucker und dem dunklen Balsamico mischen und auf die Rote Bete streichen. Im Backofen 50–60 Minuten backen, bis sie weich sind.

Die Zwiebel und die Knoblauchzehe abziehen und halbieren. Nach ca. 20 Minuten zu den Roten Beten geben und mitbacken. Nach Ablauf der Backzeit alles 10 Minuten abkühlen lassen und dann die Schale der Roten Bete abziehen.

Die Thymianblättchen vom Stiel zupfen. Die Rote Bete, die Zwiebeln und den Knoblauch in einen Topf geben. Mit 2 EL Öl, dem hellen Balsamico und den Thymianblättchen mischen und grob pürieren. Die Mischung in einen Topf geben und ca. 30 Minuten köcheln lassen. Mit Salz und Pfeffer abschmecken.

Beilagen

Mit den passenden Beilagen wird aus dem Burger eine komplette Mahlzeit. Wenn es schnell gehen soll: einfach fertig gekaufte **Chips**, **Tacos** oder **Nachos** dazu servieren. Wer über eine Fritteuse verfügt, kann leckere **Pommes frites** selbst herstellen: Geschälte und in Stäbchen geschnittene Kartoffeln werden im heißen Fett frittiert und mit Salz gewürzt. Auch knusprig-würzige **Wedges** passen hervorragend zu Burgern. Weitere klassische Beilagen sind gegrillte **Maiskolben** und erfrischender **Weißkrautsalat** (Coleslaw).

Wedges

Zutaten

- 1 kg Kartoffeln
- 2 Zweige Rosmarin
- 4 EL Olivenöl
- 1 TL Salz
- 1 TL Paprikapulver

Zubereitung

Den Backofen auf 200 °C (Umluft 180 °C) vorheizen. Die Kartoffeln schälen und in Spalten schneiden.

Den Rosmarin waschen, trocken schütteln und die Nadeln hacken. Mit dem Öl, dem Salz und dem Paprikapulver verrühren.

Die Kartoffelspalten in das Rosmarinöl geben und gut vermischen. Auf einem Backblech 35–40 Minuten backen.

Gegrillte Maiskolben

Zutaten

- 4 Maiskolben
- Kräuter- oder Knoblauchbutter

Zubereitung

Die Maiskolben putzen, indem man die Blätter und die Fäden entfernt. In kochendem Wasser ca. 30 Minuten vorgaren.

Die Maiskolben auf den heißen Grill legen und 5–10 Minuten von allen Seiten grillen. Vor dem Servieren in Stücke schneiden und mit Kräuter- oder Knoblauchbutter bestreichen.

Coleslaw

Zutaten:

- 1 mittelgroßer Weißkohl
- 2 Karotten
- 1 Zwiebel
- 150 g Naturjoghurt
- 5 EL Mayonnaise
- 3 EL Weißweinessig
- Zucker
- Salz, Pfeffer

Zubereitung:

Die äußeren Blätter des Weißkohls entfernen. Den Weißkohl waschen, vierteln und den Strunk herausschneiden. Die Viertel in der Mitte teilen und in sehr feine Streifen schneiden.

Die Karotten schälen und raspeln. Die Zwiebel abziehen und fein hacken. Mit dem Weißkohl in eine Schüssel geben und alles mit den Händen gut durchmischen.

Den Joghurt, die Mayonnaise und den Essig verrühren und mit Salz, Pfeffer und Zucker würzen. Über den Salat gießen, vermischen, kalt stellen und ca. 3–4 Stunden durchziehen lassen.

Hamburger
mit Bacon, Mayonnaise und Essiggurken

RIND
HOT & DELICIOUS

Zutaten

1 rote Zwiebel

1 Essiggurke

½ TL Senf

500 g Rinderhackfleisch

2 – 3 EL Pflanzenöl

4 Blatt Kopfsalat

2 Tomaten

4 Scheiben Bacon

4 Burgerbrötchen, mit Sesam

80 g Käse in Scheiben, z. B. Gouda

Salz, Pfeffer

Zubereitung

1 Die Zwiebel abziehen und eine Hälfte in feine Ringe schneiden, die andere Hälfte fein hacken. Die Gurke möglichst klein würfeln und mit der gehackten Zwiebel und dem Senf zum Hackfleisch geben. Mit Salz und Pfeffer würzen, gut durchkneten und 4 Pattys daraus formen. In einer heißen Pfanne im Öl je Seite ca. 4 Minuten braten.

2 Den Salat waschen und trocknen. Die Tomaten waschen, vom Stielansatz befreien und in Scheiben schneiden. Den Bacon in einer Pfanne knusprig anbraten. Anschließend auf Küchenpapier abtropfen lassen.

3 Die Brötchen aufschneiden und nach Belieben kurz rösten.

4 Die Unterseiten der Brötchen mit dem Salat, den Tomaten, einigen Zwiebelringen, dem Patty, dem Bacon und dem Käse belegen. Die zweite Brötchenhälfte darauflegen und nach Belieben fixieren. Dazu Mayonnaise, Senf und Ketchup servieren.

Pulled Pork Burger

mit Chiliringen und Rucola ....

Zubereitung

1 Das Schweinefleisch abbrausen und trocken tupfen. Den Zucker mit dem Paprikapulver, dem Salz und etwas Pfeffer in einem kleinen Schälchen vermengen. Das Fleisch rundherum damit einreiben. Die Zwiebeln abziehen und in Ringe schneiden. Die Hälfte in einen Schmortopf geben, das Fleisch darauflegen und mit den restlichen Zwiebelringen bedecken. Das Ginger Ale angießen und zugedeckt auf niedriger Stufe 6–8 Stunden garen lassen.

2 Das weiche Fleisch wieder herausnehmen, die Zwiebeln entfernen und beiseitelegen. Falls nötig, überschüssiges Fett vom Fleisch entfernen. Mit zwei Gabeln das Fleisch zerpflücken, um das typische Pulled Pork zu bekommen.

3 Das Schweinefleisch zusammen mit den Zwiebeln wieder zurück in den Schmortopf geben und die Barbecue-Soße untermengen. Alles zusammen zugedeckt nochmals 1–2 Stunden garen.

4 Den Rucola abbrausen und trocknen. Die Chilis waschen, nach Belieben entkernen und in Ringe schneiden. Die Gurken klein würfeln. Die Brötchen halbieren.

5 Die Chilis und die Gurken unter das Pulled Pork mischen und auf etwas Rucola in den Brötchen anrichten.

Achtung! Das Garen des Pulled Pork dauert bis zu 8 Stunden!

Zutaten

- 1 kg Schweinefleisch, ohne Knochen (z. B. aus der Schulter)
- 1 EL Rohrzucker
- 1 EL edelsüßes Paprikapulver
- 1–2 TL grobes Salz
- 2 große Zwiebeln
- 250 ml Ginger Ale
- ½ Flasche Barbecue-Soße
- 1 Handvoll Rucola
- 2 rote Chilischoten
- 4 Essiggurken
- 7 Ciabattabrötchen
- Pfeffer

Hähnchen-Burger

mit gegrillter Ananas

GEFLÜGEL
HOT & DELICIOUS

Zutaten

- 2 rote Zwiebeln
- 50 g Rucola
- 4 Scheiben Ananas (aus der Dose)
- 100 g Naturjoghurt
- 1 TL Limettensaft
- Chiliflocken
- 4 Burgerbrötchen, mit Sesam
- 4 Hähnchenbrustfilets, à ca. 120 g
- 1 TL Curry
- 3 EL Pflanzenöl
- Salz, Pfeffer

Zubereitung

1 Die Zwiebeln abziehen, halbieren und in feine Ringe schneiden. Den Rucola waschen und trocknen. Die Ananas abtropfen lassen. Den Joghurt mit dem Limettensaft, Salz und einigen Chiliflocken abschmecken.

2 Die Brötchen halbieren und nach Belieben auf dem Toaster rösten.

3 Die Hähnchenbrustfilets waschen, trocken tupfen und mit Curry, Salz und Pfeffer würzen. In heißem Öl ca. 5 Minuten von beiden Seiten in einer Grillpfanne braten. Die Ananas ca. 3 Minuten unter Wenden mitbraten.

4 Die Unterseiten der Brötchen mit je 1 TL Joghurt bestreichen. Mit dem Rucola, den Hähnchenbrustfilets, der Ananas und den roten Zwiebeln belegen. Die Brötchendeckel aufsetzen und mit dem übrigen Joghurt servieren.

Beef-Burger
mit karamellisierten roten Zwiebeln

Zutaten

Für den Cocktaildip:

- 150 g Mayonnaise
- 3 EL Ketchup
- 2 cl Cognac
- 1 EL Tomatenmark
- 1 TL Zitronensaft
- 1 TL Meerrettich
- 1 TL Worcestersoße
- Cayennepfeffer
- Salz

Für die Zwiebeln:

- 3 rote Zwiebeln
- 2 EL Butter
- 2 TL Puderzucker
- 50 ml trockener Rotwein
- 2 EL Balsamico
- Salz, Pfeffer

Für die Burger:

- 1 altbackenes Brötchen
- 1 Schalotte
- 3 EL Olivenöl
- 2 EL frisch gehackte Petersilie
- 1 EL frisch gehackte Majoranblättchen
- 1 Ei
- 1 TL scharfer Senf
- 400 g Rinderhackfleisch
- Semmelbrösel
- 4 Burgerbrötchen
- 4 Salatblätter, z. B. Eisberg
- Salz, Pfeffer

Zubereitung

1 Die Mayonnaise mit dem Ketchup, dem Cognac, dem Tomatenmark, dem Zitronensaft und dem Meerrettich glatt rühren und mit der Worcestersoße, Salz und Cayennepfeffer abschmecken. Bis zum Servieren kalt stellen.

2 Die Zwiebeln abziehen, in feine Ringe schneiden und in 1 EL Butter glasig schwitzen. Dann mit dem Zucker bestäuben, karamellisieren lassen und mit dem Rotwein und dem Essig ablöschen. Bei mittlerer Hitze ca. 10 Minuten köcheln lassen, bis die Flüssigkeit fast vollständig verdampft ist. Mit Salz und Pfeffer abschmecken.

3 Das altbackene Brötchen in etwas lauwarmem Wasser einweichen. Die Schalotte abziehen, fein hacken und in 1 EL heißem Öl anschwitzen. Die gehackte Petersilie und den Majoran zugeben und etwas abkühlen lassen. Anschließend mit dem Ei, dem ausgedrückten Brötchen und dem Senf unter das Hackfleisch mengen und bei Bedarf so viel Semmelbrösel zugeben, bis der Teig formbar und nicht zu weich ist. Mit Salz und Pfeffer kräftig abschmecken.

4 Die Brötchen aufschneiden, jeweils in der Grillpfanne rösten und im Ofen bei ca. 80 °C warm halten.

5 Aus dem Hackfleisch Frikadellen formen, im restlichen Öl in einer Grillpfanne je Seite 2–3 Minuten grillen. Die Salatblätter waschen, trocknen und in dünne Streifen schneiden. Jeweils 1 TL Cocktaildip auf die Unterseiten der Brötchen streichen. Mit dem Salat, den Pattys und den karamellisierten Zwiebeln belegen. Die Deckel daraufsetzen und mit dem übrigen Cocktaildip servieren.

SCHWEIN
HOT & DELICIOUS

Teriyaki-Burger

Zutaten

Für die Teriyaki-Soße:

- 6 EL Rohrzucker
- 6 EL Sojasoße
- 120 ml japanischer Reiswein (z. B. Mirin oder Sake)

Für den Dip:

- 250 g Joghurt
- 2 EL klein gehackte Kräuter, z. B. Minze und Petersilie
- Zitronensaft
- Salz, Pfeffer

Für die Burger:

- 1 Zwiebel
- 2 – 3 EL Pflanzenöl
- 2 EL frisch gehackte Petersilie
- 1 Ei
- 400 g Schweinehackfleisch
- Semmelbrösel
- 4 Salatblätter
- 1 Stück Salatgurke, 3 – 4 cm
- 2 Tomaten
- 4 Brötchen, z. B. Mehrkorn
- Salz, Pfeffer

Zubereitung

1 Für die Teriyaki-Soße den Zucker mit der Sojasoße und dem Reiswein in einen Topf geben. Auf kleiner Flamme köcheln lassen, bis der Alkohol verdunstet und die Flüssigkeit sämig ist. Für den Dip den Joghurt mit den Kräutern verrühren und mit Zitronensaft, Salz und Pfeffer abschmecken.

2 Die Zwiebel abziehen und fein würfeln. In 1 EL heißem Öl glasig anschwitzen. Leicht abkühlen lassen und zusammen mit der Petersilie und dem Ei unter das Hackfleisch mengen. So viel Semmelbrösel untermengen, bis die Masse gut formbar ist. Mit Salz und Pfeffer würzen und daraus 4 Frikadellen formen. Auf einer Seite mit der Soße bestreichen und auf der anderen Seite in einer heißen Pfanne im restlichen Öl ca. 3 Minuten braten. Dann wenden und auch diese Seite mit der Soße bestreichen.

3 Den Salat waschen, putzen, trocknen und in Streifen schneiden. Die Gurke waschen und in feine Scheiben hobeln. Die Tomaten waschen, vom Stielansatz befreien und in Scheiben schneiden.

4 Die Brötchen aufschneiden und die Schnittflächen goldbraun rösten. Aus den Tomaten, der Gurke, dem Salat und den Pattys die Burger zusammensetzen und einen Klecks Joghurtdip daraufgeben.

Vollkornbrot-Burger

mit Sauerrahm

RIND · HOT & DELICIOUS
SCHWEIN · HOT & DELICIOUS

Zutaten

1 Knoblauchzehe
400 g gemischtes Hackfleisch
4 EL Pflanzenöl
8 Scheiben Vollkornbrot
4 Scheiben Käse, z. B. Cheddar
½ Aubergine
1 Tomate
1 Handvoll junger Spinat
1 Frühlingszwiebel
8 EL saure Sahne
4 EL Ketchup
Salz, Pfeffer

Zubereitung

1 Den Knoblauch abziehen und zum Hackfleisch pressen. Mit Salz und Pfeffer würzen und daraus 4 Pattys formen. In einer heißen Pfanne in 2 EL Öl auf beiden Seiten je 3–4 Minuten goldbraun braten. Den Backofen auf Grillfunktion vorheizen. Die Brotscheiben unter dem heißen Grill auf beiden Seiten goldbraun rösten. Die Pattys mit dem Käse belegen und unter den heißen Grill legen, bis der Käse leicht gebräunt ist.

2 Die Aubergine in sehr dünne Scheiben schneiden und im restlichen Öl in einer heißen Pfanne ca. 2 Minuten goldbraun braten. Mit Salz und Pfeffer würzen. Die Tomate waschen, vom Stielansatz befreien und in Scheiben schneiden. Den Spinat abbrausen, putzen und trocknen. Die Frühlingszwiebel waschen, putzen und in feine Ringe schneiden.

3 Die Hälfte der sauren Sahne auf 4 Brotscheiben streichen und darauf die Pattys mit dem Spinat, den Auberginen- und den Tomatenscheiben anrichten. Den Ketchup und die übrige saure Sahne daraufgeben, mit den Frühlingszwiebeln bestreuen und mit je einer Brotscheibe abschließen.

RIND
HOT & DELICIOUS

Mini-Cheeseburger
mit Wachtel-Spiegelei

Zutaten

Für die Pattys:

- 1 Zwiebel
- 500 g Rinderhackfleisch
- 1 TL fein gehackte Petersilie
- Salz, Pfeffer

Für die Burger:

- 2 rote Zwiebeln
- 8 Scheiben Bacon
- 1–2 EL Olivenöl
- 8 Scheiben Käse, z. B. Gouda
- 8 kleine Ciabattabrötchen
- 8 Wachteleier
- 4 Salatblätter, z. B. Lollo bianco
- 2 kleine Rote Beten, vorgegart
- 2 Tomaten
- 4 EL Barbecue-Soße

Zubereitung

1 Für die Pattys die Zwiebel abziehen und fein würfeln. Mit dem Hackfleisch und der Petersilie vermischen. Salzen, pfeffern und zu 8 Frikadellen formen.

2 Die Zwiebeln abziehen und in Ringe schneiden. Mit dem Bacon in 1 TL Öl anbraten, bis der Bacon knusprig ist und die Zwiebeln goldbraun sind. Aus der Pfanne nehmen und im Backofen (bei 60 °C) warm halten.

3 Die Pattys in der gleichen Pfanne (evtl. noch etwas Öl zugeben) von beiden Seiten 2 Minuten braten. Mit je einer halbierten Scheibe Käse belegen und vom Herd nehmen. Die Brötchen aufschneiden und nach Belieben im Backofen rösten. In einer weiteren Pfanne das übrige Öl erhitzen, die Eier zu Spiegeleiern braten, salzen und pfeffern.

4 Den Salat waschen, trocknen und die Blätter halbieren. Die Rote Bete in Scheiben schneiden. Die Tomaten waschen, vom Stielansatz befreien und in Scheiben schneiden. Die Brötchen jeweils mit etwas Barbecue-Soße bestreichen und mit allen Burger-Zutaten belegen. Nach Belieben mit Zahnstochern fixieren.

GEFLÜGEL
HOT & DELICIOUS

Gewürz-Burger
mit marinierter Hähnchenbrust

Zutaten

- 1 TL Koriandersamen
- 2 getrocknete Chilischoten
- 1 EL getrockneter Oregano
- 1 EL edelsüßes Paprikapulver
- 1 Prise Zimtpulver
- 1–2 TL Worcestersoße
- 2 Knoblauchzehen
- 1 Limette
- 1–2 EL Honig
- 1–2 TL Salz
- 5 EL Balsamico
- 4 EL Olivenöl
- 4 Hähnchenbrustfilets, à ca. 125 g
- 4 Vollkornbrötchen, z. B. Roggen
- 4 Salatblätter
- 2 EL Pflanzenöl
- 4 EL Mayonnaise

Zubereitung

1 Den Koriander zusammen mit den Chilis in einem Topf leicht anrösten, dann vom Herd nehmen. Den Oregano, das Paprika- und das Zimtpulver sowie die Worcestersoße untermischen. Den Knoblauch abziehen und dazupressen. Die Limette auspressen und den Saft mit dem Honig, dem Salz und dem Balsamico in den Topf geben. Etwa 60 ml Wasser zugießen und bei geringer Hitze ca. 10 Minuten leicht köcheln lassen. Dann wieder vom Herd nehmen, das Öl einrühren und alles mit dem Pürierstab grob zu einer Marinade pürieren. Die Marinade abkühlen lassen.

2 Das Fleisch abbrausen, trocken tupfen und jedes Filet halbieren, sodass 8 Stücke entstehen. Diese mit der Marinade vermengen und abgedeckt über Nacht im Kühlschrank marinieren lassen.

3 Die Brötchen halbieren, den Salat waschen und trocknen. Das Hähnchen aus der Marinade nehmen (diese beiseitestellen), abtropfen lassen und im heißen Öl 1–2 Minuten je Seite braten. Auf die Unterseite der Burger je 1 EL Mayonnaise geben, 2 Stücke Hähnchen darauflegen und mit etwas Marinade beträufeln. Ein Salatblatt darauflegen und mit der zweiten Brötchenhälfte belegt servieren.

Achtung!
Die Hähnchenbrust muss über Nacht in der Marinade liegen.

RIND
HOT & DELICIOUS

Roastbeef-Burger
mit Zwiebelringen

Zutaten

Für die Zwiebelringe:
- 2 große Zwiebeln
- 300 g Mehl
- 1 TL Backpulver
- ¼ TL edelsüßes Paprikapulver
- 125 ml Milch
- 2 Eier
- 125 ml Bier
- Pflanzenöl zum Frittieren
- Salz, Pfeffer

Für die Burger:
- 4 Scheiben Roastbeef, à ca. 150 g
- 1 EL Butterschmalz
- 4 Blätter Eisbergsalat
- 2 Tomaten
- 4 Ciabattabrötchen
- 2 EL Ketchup

Zubereitung

1 Die Zwiebeln abziehen und in Ringe schneiden. 250 g Mehl mit dem Backpulver und dem Paprikapulver vermischen. Die Milch mit den Eiern, dem Bier, Salz und Pfeffer verquirlen. Die Mehlmischung dazugeben und alles gut verrühren. Die Zwiebeln erst durch den Bierteig ziehen, dann im restlichen Mehl wenden und in einem großen Topf in heißem Öl portionsweise goldgelb frittieren. Anschließend mit einem Schaumlöffel herausnehmen und abtropfen lassen.

2 Das Fleisch waschen, trocken tupfen und in einer Grillpfanne in heißem Butterschmalz von beiden Seiten ca. 1 Minute scharf anbraten. Dann in Alufolie wickeln und ca. 3 Minuten ruhen lassen. Den Salat waschen, trocknen und in Stücke zupfen. Die Tomaten waschen, vom Stielansatz befreien und in Scheiben schneiden.

3 Die Brötchen aufschneiden und nach Belieben kurz rösten. Je 1 TL Ketchup auf die Unterseiten der Brötchen streichen. Mit dem Salat, den Tomaten, dem Fleisch und den Zwiebelringen belegen und sofort servieren. Die übrigen Zwiebelringe separat dazureichen.

Burger mit Entrecôte und Rucola

RIND
HOT & DELICIOUS

Zutaten

- 100 g Salatgurke
- 1 große Tomate
- 2 – 3 Handvoll Rucola
- 1 – 2 Handvoll Sprossen, z. B. Alfalfa
- 120 g Gorgonzola
- 2 EL saure Sahne
- 4 Scheiben Entrecôte, à ca. 160 g
- 2 EL Pflanzenöl
- 4 Burgerbrötchen
- 2 EL frisch gehackte Petersilie
- Salz, Pfeffer

Garstufen bei Steaks:
rare (blutig)
medium (halbdurch)
well done (durchgebraten)

Zubereitung

1 Die Gurke waschen und in dünne Scheiben schneiden. Die Tomate waschen, vom Stielansatz befreien und ebenfalls in sehr dünne Scheiben schneiden. Den Rucola waschen und trocknen. Die Sprossen waschen und auf Küchenpapier abtropfen lassen. Den Gorgonzola mit einer Gabel zerdrücken und mit der sauren Sahne verrühren.

2 Das Fleisch abbrausen, trocken tupfen und mit Salz und Pfeffer würzen. In einer Pfanne in heißem Öl von beiden Seiten je 1 – 2 Minuten scharf anbraten. Entweder „rare" aus der Pfanne nehmen oder für „medium" noch einige Minuten bei milder Hitze weiterbraten.

3 Die Brötchen halbieren und jede Brötchenseite mit der Gorgonzolacreme bestreichen. Mit den Gurken- und Tomatenscheiben, dem Fleisch, der Petersilie, dem Rucola und den Sprossen belegen. Die Brötchendeckel aufsetzen und mit einem Holzspieß fixieren.

Hummer-Burger
mit Avocadoscheiben

Zutaten

1 Hummer
4 Burgerbrötchen
1 Zwiebel
2 Tomaten
1–2 EL Pflanzenöl
1 TL Zucker
1 Avocado
1 EL Limettensaft
6 EL Mayonnaise
2 EL Forellenkaviar
Koriandergrün und Basilikum zum Garnieren
Salz

Zubereitung

1 Einen großen Topf mit Salzwasser zum Kochen bringen. Den Hummer mit den Scheren und dem Kopf nach unten in das sprudelnde Wasser legen und unter gelegentlichem Wenden kochen lassen. Die Garzeit hängt von der Größe ab: Ein 500 g schwerer Hummer braucht ca. 8–10 Minuten. Für alle weiteren 500 g ca. 5 Minuten dazurechnen.

2 Anschließend mit einem Schaumlöffel aus dem Wasser heben und kurz abkühlen lassen. Eventuell die Gummibänder ablösen. Den gekochten Hummer in die einzelnen Teile zerlegen und das Fleisch auslösen.

3 Die Brötchen halbieren und nach Belieben rösten. Die Zwiebel abziehen und in Ringe schneiden. Die Tomaten waschen, vom Stielansatz befreien und in Spalten schneiden. Im heißen Öl andünsten, mit dem Zucker bestreuen und kurz durchschwenken. Salzen und beiseitestellen. Die Avocado halbieren, aus der Schale lösen und in dicke Scheiben schneiden. Mit Limettensaft beträufeln. Die Mayonnaise mit dem Kaviar verrühren.

4 Auf die Unterseiten der Brötchen jeweils dünn Mayonnaise streichen. Darauf die Zwiebelringe, die Tomatenstücke und die Avocado legen. Jeweils mit einem Stück Hummer belegen und die Brötchenoberhälfte auflegen. Nach Belieben mit Kräutern garnieren. Dazu die übrige Mayonnaise reichen.

Hähnchen-Burger
mit Cranberry-Soße

Zutaten

Für die Soße:

- 1 Zwiebel
- 500 g Cranberrys
- Saft von 2 Orangen
- 100 ml Apfelessig
- 175 g Rohrzucker
- 1 Prise Zimtpulver
- Cayennepfeffer
- Salz

Für die Burger:

- 400 g Hähnchenbrustfilet
- 1 Ei
- 1 Msp. Zitronenabrieb
- 1 TL frisch gehackte Petersilie
- 2–3 EL Semmelbrösel
- 1–2 EL Pflanzenöl
- 1 Apfel
- 4 Burgerbrötchen
- Salz, Pfeffer

Zubereitung

1 Die Zwiebel abziehen und fein würfeln. Die Cranberrys waschen, abtropfen lassen und zusammen mit den Zwiebelwürfeln, dem Orangensaft, dem Essig, dem Zucker, dem Zimt und etwas Salz aufkochen lassen. Unter gelegentlichem Rühren ca. 15 Minuten leicht dicklich einköcheln lassen. Mit Salz und Cayennepfeffer abschmecken.

2 Das Hähnchenbrustfilet waschen, trocken tupfen und durch den Fleischwolf drehen oder sehr fein hacken. Mit dem Ei, dem Abrieb der Zitrone und der Petersilie vermengen und so viele Semmelbrösel zugeben, bis ein gut formbarer Teig entstanden ist. Mit Salz und Pfeffer würzen. Zu 4 Pattys formen und in heißem Öl in einer beschichteten Pfanne auf beiden Seiten 5–6 Minuten goldbraun braten.

3 Den Apfel waschen, vom Kerngehäuse befreien und in Scheiben schneiden. Die Brötchen halbieren und mit den Apfelscheiben, den Hähnchenbrustpattys und der Soße belegen. Dazu passt ein frischer Salat.

Very british!!

Zwiebel-Cheeseburger mit Cheddar

Zutaten

- 2 – 3 rote Zwiebeln
- 2 – 3 EL Pflanzenöl
- 1 EL Balsamico
- 1 EL Zucker
- 4 Ciabattabrötchen
- 4 Salatblätter, z. B. Endivie
- 2 Tomaten
- 500 g Rinderhackfleisch
- 4 Scheiben Cheddar
- Salz, Pfeffer

Zubereitung

1 Die Zwiebeln abziehen und in feine Ringe schneiden. In 1–2 EL heißem Öl langsam dünsten. Sobald die Zwiebeln weich sind, mit dem Balsamico ablöschen, mit dem Zucker bestreuen und karamellisieren lassen.

2 Die Brötchen halbieren. Die Salatblätter waschen, trocknen und in feine Streifen schneiden. Die Tomaten waschen, vom Stielansatz befreien und in Scheiben schneiden. Den Grill anheizen und mit dem restlichen Öl einfetten.

3 Das Hackfleisch mit Salz und Pfeffer würzen und gut durchkneten. Daraus 4 Pattys formen und von einer Seite ca. 4 Minuten grillen. Nun mit je einer Scheibe Cheddar belegen und weitere 4 Minuten grillen. Die Ciabattabrötchen mit dem Salat, den Tomaten, den Pattys und den Zwiebeln belegen. Die Brötchendeckel auflegen und sofort servieren.

Gyros-Burger
mit Erdnussbutter und Süßkartoffelchips

RIND
HOT & DELICIOUS

SCHWEIN
HOT & DELICIOUS

Zutaten

500 g Süßkartoffeln
Pflanzenöl zum Frittieren
200 g Gyros, fertig gewürzt
4 Scheiben Bacon
400 g Rinderhackfleisch
3 EL Pflanzenöl
4 Brötchen
60 g Erdnussbutter
Salz, Pfeffer

Zubereitung

1 Die Süßkartoffeln waschen, schälen, in dünne Scheiben hobeln und trocken tupfen. Reichlich Pflanzenöl in einem Topf erhitzen, die Kartoffelscheiben hineingeben und portionsweise goldgelb frittieren, bis sie knusprig sind. Mit einem Schaumlöffel herausnehmen und auf Küchenpapier abtropfen lassen. Anschließend in einer Schüssel mit ½ TL Salz mischen.

2 Das Gyros in 1 EL Öl unter Wenden braten. Aus der Pfanne nehmen und warm halten. In der gleichen Pfanne den Bacon knusprig braten. Das Hackfleisch in einer Schüssel mit Salz und Pfeffer würzen, gut vermischen und daraus 4 Pattys formen. In einer Pfanne im übrigen heißen Öl auf beiden Seiten jeweils ca. 3–4 Minuten braten.

3 Die Brötchen aufschneiden, toasten und mit den Pattys, dem Bacon und dem Gyros belegen. Die Erdnussbutter darauf verteilen und die Brötchendeckel auflegen. Mit den Süßkartoffelchips servieren.

FISCH
HOT & DELICIOUS

Fisch-Burger
mit Tomaten und Zwiebeln

Zutaten

- 4 EL Mayonnaise
- 2 EL Naturjoghurt
- 1–2 TL Tomatenmark
- 1 Prise Cayennepfeffer
- 1–2 TL Zitronensaft
- 1 Gemüsezwiebel
- 1 Tomate
- 2–3 Salatblätter, z. B. Eisberg
- 8 Fischstäbchen
- 2–4 EL Pflanzenöl
- 4 Burgerbrötchen mit Sesam
- Petersilie zum Garnieren
- Salz, Pfeffer

Zubereitung

1 Die Mayonnaise mit dem Joghurt, dem Tomatenmark, Salz, Cayennepfeffer und dem Zitronensaft verrühren. Abschmecken und kalt stellen.

2 Die Zwiebel abziehen, vierteln und in feine Streifen schneiden. Die Tomate waschen, vom Stielansatz befreien und in dicke Scheiben schneiden. Die Salatblätter waschen, trocknen und in schmale Streifen schneiden. Die Fischstäbchen im heißen Öl unter Wenden ca. 6 Minuten goldbraun braten.

3 Die Brötchen halbieren und die Schnittflächen rösten. Die Brötchenunterseiten dann je mit 1–2 EL Tomaten-Mayo bestreichen. Darauf die Zwiebeln und den Salat geben und mit je 2 Fischstäbchen belegen. Eine Tomatenscheibe darauflegen und wieder mit Zwiebeln bestreuen. Mit etwas Pfeffer würzen und nach Belieben mit Petersilie garniert servieren.

SCHWEIN HOT & DELICIOUS
RIND HOT & DELICIOUS

Mini-Burger

Zutaten

- 2 Scheiben Toastbrot
- 1 große Zwiebel
- 1 kleiner Kopfsalat
- 5 – 6 Radieschen
- ½ Salatgurke
- 2 Karotten
- 5 – 6 EL Mayonnaise
- 1 TL Zitronensaft
- 600 g gemischtes Hackfleisch
- 2 Eier
- 1 – 2 TL Senf
- 2 TL scharfes Paprikapulver
- Paniermehl
- Pflanzenöl zum Ausbacken
- 16 kleine Ciabattabrötchen
- Salz, Pfeffer

Zubereitung

1 Den Toast in etwas lauwarmem Wasser einweichen, anschließend gut ausdrücken. Die Zwiebel abziehen und fein würfeln. Den Salat waschen, trocknen und in Stücke zupfen. Die Radieschen, die Gurke und die Karotten putzen und waschen. Die Radieschen und die Gurke in dünne Scheiben schneiden. Die Karotten der Länge nach mit einem Sparschäler in Streifen schneiden. Die Mayonnaise mit dem Zitronensaft vermischen.

2 Das Hackfleisch, den Toast, die Eier, die Zwiebel und den Senf verkneten. Mit Paprikapulver, Salz und Pfeffer kräftig würzen. Mit angefeuchteten Händen daraus ca. 16 kleine Bällchen formen und in etwas Paniermehl wenden. In einem großen Topf in reichlich heißem Öl goldbraun ausbacken. Anschließend auf Küchenpapier abtropfen lassen.

3 Die Brötchen halbieren und jeweils mit etwas Salat, Gurke, Radieschen, einem Hackbällchen und Karottenstreifen belegen. Je einen Klecks Mayonnaise und Senf daraufgeben, den Brötchendeckel auflegen und mit Zahnstochern fixieren. Auf einer Platte anrichten und mit dem übrigen Gemüse garniert servieren.

Burger
mit Schweinegeschnetzeltem

SCHWEIN
HOT & DELICIOUS

Zutaten

1 Schalotte
2 Knoblauchzehen
2 EL Pflanzenöl
500 g Schweinefilet
1 Prise gemahlener Kümmel
1 Prise scharfes Paprikapulver
4 Burgerbrötchen
4 EL Mayonnaise
ca. 150 g Barbecue-Soße
Salz, Pfeffer

Zubereitung

1 Die Schalotte und den Knoblauch abziehen und im heißen Öl in einer Pfanne andünsten. Das Fleisch abbrausen, abtupfen und in dünne Streifen schneiden. Zu den Zwiebeln geben und unter gelegentlichem Rühren 2–3 Minuten braten. Mit Salz, Pfeffer, Kümmel und Paprika würzen. 2–3 Minuten fertig braten und abschmecken.

2 Die Brötchen halbieren, nach Belieben die Schnittflächen rösten und die Unterseite mit Mayonnaise bestreichen. Darauf das Fleisch geben und je mit 2–3 EL Barbecue-Soße beträufeln. Die Brötchenoberseite darauflegen und servieren.

Dazu passt sehr gut ein Coleslaw

Rezept siehe Seite 11

Stuffed Burger mit Käse

RIND
HOT & DELICIOUS

Zutaten

2 milde grüne Peperoni
50 g Champignons
150 g Cheddar am Stück
500 g Rinderhackfleisch
2 EL Pflanzenöl
4 Salatblätter
4 Burgerbrötchen
Salz, Pfeffer

Zubereitung

1 Die Peperoni waschen, halbieren, entkernen und klein hacken. Die Champignons gründlich putzen und fein hacken. Den Cheddar ebenfalls in kleine Würfel schneiden. Alles in einer Schüssel vermischen.

2 Das Hackfleisch mit Salz und Pfeffer würzen und vermengen. Aus dem Teig 4 Bällchen formen, ein Loch in die Mitte drücken und etwas Champignon-Käse-Füllung hineingeben. Das Fleischbällchen verschließen und etwas flacher drücken. In einer Pfanne in heißem Öl unter Wenden erst ca. 4 Minuten scharf anbraten. Dann den Deckel der Pfanne auflegen und weitere ca. 4 Minuten garen, sodass der Käse in der Mitte schmilzt.

3 Den Salat waschen und trocknen. Die Brötchen halbieren, mit dem Salat und dem gefüllten Patty belegen. Nach Belieben mit je einem Klecks Ketchup servieren.

Für echte Jäger!!

Pilz-Hamburger
mit Spinat und Zwiebeln

Zutaten

4 Zwiebeln
3 EL Butter
500 g Rinderhackfleisch
1 EL scharfer Senf
200 g Champignons
120 g junger Spinat
4 Burgerbrötchen
1–2 EL Schnittlauchröllchen
Salz, Pfeffer

Zubereitung

1 Den Grill anheizen. Die Zwiebeln abziehen, halbieren und in Streifen schneiden. In einer Pfanne in 2 EL heißer Butter langsam weich dünsten. Das Hackfleisch mit dem Senf in eine Schüssel geben, alles gut vermengen und mit Salz und Pfeffer würzen. Daraus 4 Pattys formen und auf dem heißen Grill 3–4 Minuten je Seite grillen.

2 Die Pilze putzen, in Scheiben schneiden und in einer weiteren Pfanne in heißer Butter goldbraun braten. Mit Salz und Pfeffer würzen.

3 Die Brötchen halbieren. Den Spinat waschen, trocknen und auf die Brötchendeckel verteilen. Die Unterseiten der Brötchen mit Zwiebeln, Hackfleisch und Pilzen belegen. Mit Schnittlauch bestreuen und zusammenklappen.

Beef-Burger

mit Senfsoße, Röstzwiebeln und Avocado

Zutaten

Für die Senfsoße:

- 2 Eier
- 150 g Mayonnaise
- 2 EL scharfer Senf
- 1 TL Weißweinessig
- Salz, Pfeffer

Für die Burger:

- 1 rote Chilischote
- 600 g Rinderhackfleisch
- 1–2 EL Sojasoße
- 1–2 EL Worcestersoße
- 2 Zwiebeln
- 3 EL Mehl
- 1 TL Paprikapulver
- Pflanzenfett zum Frittieren
- 1 Avocado
- 1 Salatherz
- 2 EL Pflanzenöl
- 4 Burgerbrötchen mit Sesam
- 4 TL Ketchup

Zubereitung

1 Für die Soße die Eier hart kochen, dann abgießen, abschrecken, pellen und grob hacken. Die Mayonnaise mit dem Senf und dem Essig in einer Schüssel verrühren. Mit Salz und Pfeffer würzen und die Eier unterheben.

2 Die Chili waschen, halbieren, von den Kernen und den weißen Innenwänden befreien und klein hacken. Unter das Hackfleisch mengen und mit Soja- sowie Worcestersoße abschmecken. Die Zwiebeln abziehen, in Ringe schneiden und in einer Schüssel mit dem Mehl und dem Paprikapulver vermischen. Anschließend das überschüssige Mehl etwas abklopfen und die Zwiebeln in heißem Fett goldbraun frittieren. Auf Küchenpapier abtropfen lassen.

3 Die Avocado schälen, halbieren, entkernen und in Scheiben schneiden. Den Salat waschen, trocknen und in kleine Stücke zupfen. Aus dem Hackfleisch 4 Pattys formen und in einer Pfanne mit heißem Öl ca. 2 Minuten von jeder Seite braten.

4 Die Brötchen halbieren, nach Belieben rösten und die Deckel mit Ketchup bestreichen. Auf die Unterseiten jeweils etwas von der Senfsoße geben. Mit dem Salat, den Pattys, der Avocado und den Röstzwiebeln belegen und sofort servieren. Die übrige Senfsoße dazu reichen.

Italo-Burger

mit Avocado, Bacon und Sprossen

RIND
HOT & DELICIOUS

Zutaten

1 Zwiebel

50 g entsteinte schwarze Oliven

500 g Rinderhackfleisch

1 Ei

2–3 EL gehackte Petersilie

Semmelbrösel

1 EL getrocknete italienische Kräuter

3–4 EL Pflanzenöl

4 große Scheiben Bacon

1 Avocado

1–2 EL Zitronensaft

4 Ciabattabrötchen

4 EL Ketchup

1 Handvoll Sprossen, z. B. Alfalfa

Salz, Pfeffer

Zubereitung

1 Die Zwiebel abziehen und fein würfeln. Die Oliven klein hacken und mit der Zwiebel zum Hackfleisch geben. Das Ei und die Petersilie hinzufügen und alles gut vermengen. Falls nötig, einige Semmelbrösel unterkneten, bis eine gut formbare Masse entsteht. Mit Salz, Pfeffer und Kräutern würzen und 4 Pattys daraus formen. In einer Pfanne im heißen Fett je Seite 3–4 Minuten braten. Den Bacon kurz mitbraten.

2 Die Avocado schälen, den Stein entfernen und das Fruchtfleisch in einer Schale mit einer Gabel grob zerdrücken. Mit dem Zitronensaft, Salz und Pfeffer abschmecken.

3 Die Brötchen halbieren und mit dem Bacon, dem Avocadofleisch, dem Ketchup, den Pattys und den Sprossen belegen. Nach Belieben zum Servieren mit Holzstäbchen fixieren.

Kartoffelpuffer-Burger

RIND
HOT & DELICIOUS

SCHWEIN
HOT & DELICIOUS

Zutaten

Für die Soße:
4 Tomaten
1 rote Paprikaschote
1 Chilischote
2 EL Olivenöl
1 EL Tomatenmark
1 TL getrockneter Oregano
1 Prise Zucker
Salz

Für die Pattys:
1 altbackenes Brötchen
ca. 75 ml lauwarme Milch
1 Zwiebel
1 EL Butter
400 g gemischtes Hackfleisch
1 Ei
1 TL scharfer Senf
1 TL getrockneter Majoran
2 EL frisch gehackte Petersilie
Semmelbrösel
2 EL Pflanzenöl
Salz, Pfeffer

Für die Kartoffelpuffer:
600 g vorwiegend festkochende Kartoffeln
Muskat
3–4 EL Pflanzenöl
Salz

Außerdem:
Essiggurkenscheiben
Petersilienblätter

Zubereitung

1 Für die Soße die Tomaten mit kochendem Wasser überbrühen, abschrecken, häuten, vierteln, entkernen und würfeln. Die Paprikaschote und die Chili waschen, halbieren, putzen und klein würfeln. Beides in heißem Öl 1–2 Minuten anschwitzen. Das Tomatenmark unterrühren und die Tomaten mit dem Oregano hinzugeben. Etwa 10 Minuten leicht dicklich einköcheln lassen. Mit Salz und Zucker abschmecken.

2 Für die Pattys das Brötchen in der Milch einweichen. Die Zwiebel abziehen, fein würfeln und in der heißen Butter glasig anschwitzen. Das Hackfleisch mit dem eingeweichten Brötchen, dem Ei, dem Senf, der Zwiebel und den Kräutern gut vermengen. Mit Salz und Pfeffer würzen. Eventuell noch Semmelbrösel untermischen. Aus der Masse 8 kleine Pattys formen und in einer Pfanne bei mittlerer Hitze in heißem Öl beidseitig je 3–4 Minuten goldbraun braten.

3 Für die Puffer die Kartoffeln waschen, schälen, reiben und mit Salz und Muskat würzen. Portionsweise in einer beschichteten Pfanne mit heißem Öl auf beiden Seiten je 2–3 Minuten goldbraun ausbacken. Auf diese Weise 12 kleine Puffer herstellen und auf Küchenpapier abtropfen lassen.

4 Jeweils 3 Puffer mit 2 Pattys stapeln, etwas Soße darübergießen und Essiggurken sowie Petersilie dazugeben. Mit Holzstäbchen fixiert servieren.

Hamburger
mit Ananas, Roter Bete und Ei

RIND
HOT & DELICIOUS

Zutaten

- 4 Salatblätter, z. B. Endivie oder Kopfsalat
- 150 g Rote Bete, vorgegart
- 1 Tomate
- 1 Zwiebel
- 4 – 5 EL Pflanzenöl
- 500 g Rinderhackfleisch
- 4 Eier
- 4 Scheiben Ananas (aus der Dose)
- 4 Burgerbrötchen
- Salz, Pfeffer

Zubereitung

1 Den Salat waschen und trocknen. Die Rote Bete in 8 dünne Scheiben schneiden. Die Tomate waschen und in 4 dünne Scheiben schneiden. Die Zwiebel abziehen, in Ringe schneiden und in 1 EL Öl bei mäßiger Hitze langsam hellbraun und weich braten. Mit etwas Salz würzen und aus der Pfanne nehmen.

2 Das Hackfleisch mit Salz und Pfeffer würzen, verkneten und in weiteren 2 – 3 EL Öl von jeder Seite ca. 4 Minuten braten. Währenddessen in zwei weiteren Pfannen jeweils etwas Öl erhitzen. In einer Pfanne die Eier aufschlagen und zu Spiegeleiern braten, in der zweiten Pfanne die Ananas braun braten.

3 Die Brötchen an den Schnittflächen rösten. Mit dem Salat, der Roten Bete, der Tomate, der Ananas, den Pattys und den Spiegeleiern belegen. Die Brötchenoberseite darauflegen und mit einem Spießchen fixieren. Dazu nach Belieben Pommes frites reichen.

Lamm-Burger
mit Blauschimmelkäse und Zwiebeln

LAMM
HOT & DELICIOUS

Zubereitung

1 Die Zwiebeln und den Knoblauch abziehen. 1 Zwiebel in sehr feine Ringe schneiden und beiseitestellen. Die restliche Zwiebel und den Knoblauch fein hacken. Die Petersilie und den Schnittlauch waschen und trocken schütteln. Einige Petersilienblättchen zum Garnieren beiseitelegen, die restlichen Blättchen mit den Schnittlauchhalmen klein schneiden. Das Toastbrot entrinden und in Wasser einweichen.

2 Das Lammhackfleisch mit der gehackten Zwiebel, dem Knoblauch, dem Ei und den fein geschnittenen Kräutern mischen. Das Brot sehr gut ausdrücken und unterkneten. Die Hackmasse kräftig mit Salz und Pfeffer würzen und zu 4 Pattys formen. Das Öl in einer Pfanne erhitzen. Die Lamm-Pattys darin 10–12 Minuten bei mittlerer Hitze braten, dabei einmal wenden. Kurz vor Ende der Garzeit je eine Scheibe Gorgonzolakäse auf jeden Burger legen. Die Pfanne zudecken und den Käse leicht schmelzen lassen.

3 Die Salatblätter waschen und trocknen. Die Sesambrötchen in der Mitte durchschneiden. Jeweils die untere Brötchenhälfte mit einem Salatblatt, einem Patty und den Zwiebelringen belegen. Mit den restlichen Petersilienblättchen garnieren und die obere Brötchenhälfte daraufsetzen. Die Lamm-Burger sofort servieren.

Zutaten

- 2 rote Zwiebeln
- 1 Knoblauchzehe
- 3 Stängel Petersilie
- 6 Halme Schnittlauch
- 1 Scheibe trockenes Toastbrot oder ½ altbackenes Brötchen
- 300 g Lammhackfleisch
- 1 Ei
- 2–3 EL Pflanzenöl
- 4 Scheiben Gorgonzola
- 4 Salatblätter, z. B. Kopfsalat
- 4 dunkle Vollkorn-Sesambrötchen
- Salz, Pfeffer

RIND
HOT & DELICIOUS

Gourmet-Burger
mit Ziegenfrischkäse

Zutaten

- 1 Zwiebel
- 2–3 EL Pflanzenöl
- 1 Ei
- ½ TL getrockneter Thymian
- 400 g Rinderhackfleisch
- Semmelbrösel
- 4 Salatblätter, z. B. Lollo bianco
- 1 Tomate
- 1 milde grüne Chilischote (aus dem Glas)
- 1 TL Olivenöl
- 150 g Ziegenfrischkäse
- 4 Burgerbrötchen, z. B. aus Vollkorn
- 4 EL körniger Senf
- Salz, Pfeffer

Zubereitung

1 Die Zwiebel abziehen und fein würfeln. In 1 EL heißem Öl glasig anschwitzen. Leicht abkühlen lassen und zusammen mit dem Ei und dem Thymian unter das Hackfleisch mengen. So viele Semmelbrösel untermischen, bis die Masse gut formbar ist. Mit Salz und Pfeffer würzen und 4 Pattys daraus formen. In einer heißen Pfanne im restlichen Öl von beiden Seiten unter gelegentlichem Wenden 6–8 Minuten goldbraun braten.

2 Den Salat waschen, trocknen und in Stücke zupfen. Die Tomate waschen, vom Stielansatz befreien und in Scheiben schneiden. Die Chilischote waschen, halbieren, putzen und fein hacken. Mit dem Öl unter den Frischkäse rühren und mit Salz und Pfeffer würzen.

3 Die Brötchen halbieren und die Schnittflächen goldbraun rösten. Die Unterseite mit dem Senf bestreichen und je ein Patty darauflegen. Den Frischkäse daraufstreichen, mit den Tomaten und dem Salat belegen. Jeweils mit dem Brötchendeckel abschließen und servieren.

Dazu passt ein frischer *Tomatensalat.*

Tex-Mex-Burger

mit Tortilla-Chips

Zutaten

Für die Salsa:

- 500 g reife Tomaten
- 2 Knoblauchzehen
- 1 Schalotte
- 2 rote Chilis
- 2 EL Olivenöl
- 2 EL Tomatenmark
- 150 ml Gemüsebrühe
- dunkler Balsamico
- Salz, Pfeffer

Für die Zwiebelringe:

- 2 weiße Zwiebeln
- 200 g Mehl
- ca. 250 ml helles Bier
- 1 Ei
- ½ TL Salz
- 1 Eiweiß
- 500 ml Pflanzenfett zum Frittieren

Für die Burger:

- 1 Knoblauchzehe
- 500 g Rinderhackfleisch
- 1 TL mittelscharfer Senf
- 1 Ei
- ca. 4 EL Paniermehl
- 6 Salatherzenblätter
- 3 Tomaten
- 1 rote Zwiebel
- 4 Burgerbrötchen
- 1 EL Butterschmalz
- 4 EL Salatmayonnaise
- 12 – 16 Tortillachips
- Salz, Pfeffer

Zubereitung

1 Für die Salsa die Tomaten mit kochendem Wasser überbrühen, abschrecken, häuten, vierteln, entkernen und in kleine Würfel schneiden. Den Knoblauch und die Schalotte abziehen und fein hacken. Die Chilis waschen, der Länge nach halbieren, entkernen und ebenfalls fein hacken. Den Knoblauch, die Schalotte und die Chili im heißen Öl anschwitzen. Die Tomaten, das Tomatenmark und die Brühe dazugeben. Salzen, pfeffern und bei mittlerer Hitze 15 Minuten köcheln lassen. Mit Balsamico abschmecken.

2 Für die Pattys den Knoblauch abziehen, fein hacken und mit dem Hackfleisch, dem Senf, dem Ei und dem Paniermehl verkneten. Mit Salz und Pfeffer würzen. Den Salat waschen, trocknen und zurecht zupfen. Die Tomaten ebenfalls waschen, vom Stielansatz befreien und in Scheiben schneiden. Die rote Zwiebel abziehen und in feine Ringe schneiden. Die weißen Zwiebeln für die Zwiebelringe ebenfalls schälen und in etwas breitere Ringe schneiden.

3 Für den Ausbackteig das Mehl in eine Schüssel sieben, das Bier, das Ei und Salz unterrühren, mit einem Tuch abdecken und den Teig 15 Minuten quellen lassen. Anschließend kräftig durchrühren. Das Eiweiß nicht zu steif schlagen und unter den Teig ziehen. Die weißen Zwiebelringe durch den Teig ziehen und in heißem Fett goldbraun frittieren. Herausnehmen und auf Küchenpapier abtropfen lassen.

4 Die Brötchen halbieren und in einer heißen Grillpfanne leicht rösten, herausnehmen. Aus der Hackfleischmasse 4 Pattys formen und diese in der Grillpfanne mit Butterschmalz von beiden Seiten braun braten. Die Brötchenunterseite mit Mayonnaise bestreichen, darauf die gebackenen Zwiebelringe, den Salat, die Tomatenscheiben und die roten Zwiebelringe legen, mit je einer Fleischscheibe und einigen Chips belegen und mit etwas Salsa beträufeln. Den Brötchendeckel darauflegen und servieren. Die übrige Salsa dazureichen.

Hirsch-Burger
mit Zwiebeln

Zubereitung

1 Das Brötchen in lauwarmem Wasser einweichen. Das Fleisch waschen, trocken tupfen, in Würfel schneiden und durch einen Fleischwolf mit kleiner Lochscheibe drehen. Das Hack mit dem Ei, dem Senf und dem gut ausgedrückten Brötchen vermischen und kräftig mit Salz und Pfeffer würzen. Aus der Masse 4 Pattys formen und diese im heißen Butterschmalz von beiden Seiten ca. 3 Minuten braun braten. Danach warm halten.

2 Die Zwiebeln abziehen, in Ringe schneiden und diese auseinander lösen. Den Apfel waschen, das Kerngehäuse ausstechen und aus der Mitte des Apfels 4 schöne Scheiben herausschneiden. Den übrigen Apfel anderweitig verwenden. Die Brotscheiben halbieren und von beiden Seiten in einer trockenen Pfanne knusprig rösten. Herausnehmen und zur Seite legen.

3 2–3 EL Schmalz in die heiße Pfanne geben und die Zwiebeln mit dem Apfel darin bei kleiner Hitze langsam ca. 10 Minuten weich braten. Mit Salz und Pfeffer würzen. Die Hälfte der Brotscheiben mit den Zwiebeln, dem Apfel und je einem Patty belegen. Das übrige Brot darauflegen und servieren.

Zutaten

- 1 altbackenes Brötchen
- 500 g Hirschfleisch, aus der Schulter, ohne Knochen
- 1 Ei
- 1 TL mittelscharfer Senf
- 6 EL Butterschmalz
- 2 Zwiebeln
- 1 Apfel
- 4 Scheiben Weißbrot
- Salz, Pfeffer

RIND HOT & DELICIOUS

Burger mit Blauschimmelkäse und Bacon

Zutaten

- 12 Scheiben Bacon
- 1 EL Pflanzenöl
- 400 g Rinderhackfleisch
- 2 Zwiebeln
- 120 g Blauschimmelkäse
- 4 Brötchen
- Salz, Pfeffer

Schmeckt prima mit Pommes frites und Baked Beans.

Zubereitung

1 Den Bacon in einer heißen Pfanne im Öl knusprig braten. Aus der Pfanne nehmen und auf Küchenpapier abtropfen lassen. Das Hackfleisch mit Salz und Pfeffer würzen und daraus 4 Pattys formen. Im heißen Speckfett in der Pfanne auf beiden Seiten je 4–5 Minuten braun braten. Die Zwiebeln abziehen und in Ringe schneiden. Zu den Pattys geben und 2–3 Minuten mitbraten lassen.

2 Den Käse in Scheiben schneiden. Den Backofen auf Grillfunktion vorheizen. Die Brötchen halbieren und die Schnittflächen unter dem Grill leicht anrösten. Anschließend mit den Speckscheiben, den Pattys, dem Käse und den Zwiebeln belegen. Die Brötchendeckel aufsetzen und servieren.

MEER HOT & DELICIOUS

Mini-Burger mit Tomaten und Garnelen

Zutaten

Für die Soße:

6 Tomaten
2 rote Zwiebeln
½ rote Chilischote
2 EL Olivenöl
1 EL Tomatenmark
1 TL getrockneter Oregano
1 Prise Zucker
Salz

Für die Burger:

2 Tomaten
1 Salatherz
16 Garnelen, küchenfertig geschält und entdarmt
2 EL Olivenöl
1–2 TL Zitronensaft
8 Mini-Burgerbrötchen
Salz, Pfeffer

Zubereitung

1 Für die Soße die Tomaten überbrühen, abschrecken, häuten, vierteln, entkernen und würfeln. Die Zwiebeln abziehen, halbieren und in Scheiben schneiden. Die Chili waschen, halbieren, putzen und klein würfeln. Die Zwiebeln und die Chili in heißem Öl 1–2 Minuten anschwitzen. Das Tomatenmark unterrühren und die Tomaten mit dem Oregano dazugeben. Etwa 10 Minuten leicht dicklich einköcheln lassen. Mit Salz und Zucker abschmecken.

2 Für die Burger die Tomaten waschen und in Scheiben schneiden. Den Salat waschen, trocknen und in Stücke zupfen. Die Garnelen waschen, trocken tupfen und in einer Pfanne in heißem Öl ca. 4 Minuten rosa braten. Mit Salz, Pfeffer und Zitronensaft würzen. Die Brötchen halbieren und jeweils mit dem Salat, den Tomatenscheiben, 2 Garnelen und etwas Tomatensoße belegen. Die Brötchendeckel aufsetzen und mit Holzspießchen fixieren.

Cheeseburger

mit gebratenen Austernpilzen

RIND
HOT & DELICIOUS

Zubereitung

1 Den Backofen auf 120 °C (100 °C Umluft) vorheizen. Den Rucola waschen, trocknen, verlesen und kleiner schneiden. Die Zwiebel abziehen, in Streifen schneiden und in 1–2 EL Öl langsam weich braten. Die Pilze putzen und mit Salz und Pfeffer würzen. Das Ei verquirlen. Die Pilze im Mehl wenden, dann durch das Ei ziehen und mit den Semmelbröseln panieren. In weiteren 2–3 EL heißem Öl von beiden Seiten je 2–3 Minuten braten und anschließend im Backofen warm halten.

2 Das Hackfleisch in einer Schüssel mit Salz und Pfeffer gründlich verkneten und 4 Pattys daraus formen. In weiteren 2–3 EL Öl rundherum ca. 6 Minuten braten. Die Brötchen halbieren und die Unterseiten je mit einer Frikadelle belegen. Darauf je 1 Scheibe Käse legen und in den Backofen stellen, sodass der Käse langsam schmilzt. Die Brötchendeckel ebenfalls in den Backofen legen, um sie ein wenig aufzubacken.

3 Die Mayonnaise mit dem Zitronensaft und der Sahne verrühren und mit Kräutersalz abschmecken. Die überbackenen Burger aus dem Ofen nehmen und den Rucola darauf verteilen. Mit den Zwiebeln und den panierten Pilzen belegen. Die Mayonnaise darüberträufeln und mit dem Brötchendeckel belegt servieren.

Zutaten

- 2 Handvoll Rucola
- 1 rote Zwiebel
- ca. 100 ml Pflanzenöl
- 8 Austernpilze
- 3–4 EL Mehl
- 1 Ei
- ca. 100 g Semmelbrösel
- 500 g Rinderhackfleisch
- 4 Brötchen, mit Mohn und Sesam
- 4 Scheiben Schmelzkäse
- 4 EL Mayonnaise
- 1 EL Zitronensaft
- 1–2 EL süße Sahne
- Kräutersalz, Salz, Pfeffer

FISCH
HOT & DELICIOUS

Forellen-Burger
mit Spinat

Zutaten

- 1 Scheibe Toastbrot
- 2 rote Zwiebeln
- 1–2 EL Butter
- 300 g frisches Forellenfilet (grätenfrei)
- 100 g geräuchertes Forellenfilet
- 1 EL fein gehackter Dill
- 2 Eier
- 1 TL Zitronensaft
- Semmelbrösel
- 2 EL Butterschmalz
- 2 Tomaten
- 1–2 Handvoll junge Spinatblätter
- 4 Burgerbrötchen
- 4 EL Schmand
- Salz, Pfeffer

Zubereitung

1 Das Toastbrot in kleine Stücke zupfen. Die Zwiebeln abziehen, eine davon fein würfeln und die andere in Ringe schneiden. Die Zwiebelwürfel in 1 EL heißer Butter andünsten. Das frische Forellenfilet waschen, trocken tupfen und zusammen mit dem geräucherten Forellenfilet grob schneiden. In der Küchenmaschine fein pürieren.

2 Die Brotkrümel, die Zwiebelwürfel, den Dill und 1 Ei unterkneten. Mit Salz, Pfeffer und etwas Zitronensaft würzen. Aus der Masse 4 Pattys formen. Falls die Masse zu feucht ist, zusätzlich noch etwas Semmelbrösel untermischen. Das zweite Ei verquirlen. Die Fischbratlinge zuerst durch das Ei ziehen, dann in den Semmelbröseln wenden. In einer Pfanne in heißem Butterschmalz auf jeder Seite ca. 5 Minuten braun braten.

3 Die Zwiebelringe in einer weiteren Pfanne in der übrigen Butter glasig braten. Die Tomaten waschen, die Stielansätze entfernen und die Tomaten in dünne Scheiben schneiden. Den Spinat waschen und trocknen.

4 Die Brötchen in der Mitte aufschneiden und nach Belieben rösten. Jeweils mit dem Spinat, 1 EL Schmand, einem Bratling, einigen Tomatenscheiben und Zwiebelringen belegen. Die Brötchendeckel aufsetzen und sofort servieren.

Sloppy Joe

RIND
HOT & DELICIOUS

Zutaten

400 g Rinderhackfleisch
2 EL Pflanzenöl
1 Zwiebel
1 Knoblauchzehe
1 rote Paprikaschote
2 EL Tomatenmark
ca. 150 ml Fleischbrühe
gemahlener Kümmel
Chilipulver
4 Brötchen
Salz, Pfeffer

Zubereitung

1 Das Hackfleisch in einem Topf in heißem Öl krümelig braten. Die Zwiebel und den Knoblauch abziehen. Die Zwiebel halbieren und in Streifen schneiden; den Knoblauch fein hacken. Die Paprikaschote waschen, halbieren, putzen und klein schneiden.

2 Alles zum Hackfleisch geben und zusammen leicht goldbraun braten. Das Tomatenmark untermischen und mit der Brühe ablöschen. Unter gelegentlichem Rühren etwa 15 Minuten dicklich einköcheln lassen. Mit Kümmel, Salz, Chili und Pfeffer abschmecken.

3 Die Brötchen in der Mitte aufschneiden und die Schnittflächen nach Belieben goldbraun rösten. Auf die Unterseite die Hackmasse setzen, die Brötchendeckel auflegen und servieren.

Superedel!

Beef-Sirloin-Burger

mit Ziegenkäse und Aioli

Zutaten

1 Knoblauchzehe
3 Tomaten
1 EL Olivenöl
1 EL Apfelessig
Zucker
1 Handvoll Rucola
4 Sirloin-Steaks, à ca. 150 g
2 EL Pflanzenöl
12 Scheiben Bacon
4 Burgerbrötchen
100 g Ziegenweichkäse
4 EL Aioli (aus dem Glas)
Salz, Pfeffer

Zubereitung

1 Den Knoblauch abziehen und fein hacken. Die Tomaten überbrühen, häuten, entkernen und das Fruchtfleisch klein würfeln. Das Olivenöl in einem kleinen Topf erhitzen, den Knoblauch zugeben und andünsten. Die Tomaten dazugeben, den Essig, Salz, Pfeffer und etwas Zucker hinzufügen. Ca. 10 Minuten bei kleiner Hitze schmoren lassen. Danach abschmecken und abkühlen lassen.

2 Den Rucola waschen und trocknen. Den Backofen auf 100 °C vorheizen. Die Steaks abbrausen und trocken tupfen. Im heißem Öl in einer Pfanne von beiden Seiten jeweils ca. 1 Minute scharf anbraten. Salzen und im vorgeheizten Backofen 15–25 Minuten gar ziehen lassen. Den Bacon in einer Pfanne kross ausbraten. Auf Küchenpapier abtropfen lassen.

3 Die Brötchen halbieren und im Backofen einige Minuten mitbacken. Den Ziegenkäse in vier Scheiben schneiden und auf die Unterseite der heißen Brötchen geben. Darauf je ein Steak setzen und mit einigen Speckscheiben belegen. Ein paar Blätter Rucola und etwas Tomatensoße darauf verteilen und je mit 1 EL Aioli abschließen. Die zweite Brötchenhälfte auflegen und nach Belieben mit einem Spießchen fixieren.

Sliders

mit Gewürzgurken und Brunnenkresse.....

Zubereitung

1 Den Backofengrill vorheizen. Die Käsescheiben halbieren. Das Brötchen in lauwarmem Wasser einweichen. Die kleine Zwiebel und den Knoblauch abziehen und sehr fein hacken. In einer Pfanne 1 EL Öl erhitzen und die Zwiebel mit dem Knoblauch glasig schwitzen. Vom Herd ziehen, abkühlen lassen und mit dem Hackfleisch, dem Senf, dem gut ausgedrückten Brötchen und dem Ei vermengen. Mit Salz und Pfeffer würzen. Kleine Bällchen (12 Stück) aus der Masse formen, diese flach drücken und unter Wenden in heißem Butterschmalz braun braten. Herausnehmen, mit je einer Scheibe Käse belegen und unter dem heißen Backofengrill gratinieren.

2 Zwischenzeitlich die restlichen Zwiebeln abziehen, in Streifen schneiden und in einer weiteren Pfanne mit dem übrigen Öl goldbraun anbraten. Das Tomatenmark und den Ketchup zugeben und mit der Brühe ablöschen. Mit Salz, Pfeffer, Chili und Zucker würzen und bei mittlerer Hitze leicht sämig einköcheln lassen. Abschmecken.

3 Die Mini-Burgerbrötchen halbieren, toasten und mit je einem gratinierten Patty, etwas Tomatenzwiebeln, 1–2 Gurkenscheiben und Kresseblättern belegen. Das passende Gegenstück daraufsetzen und 3 Miniburger übereinander gestapelt mit einem Holzspieß fixieren. Mit je einer Kirschtomate garniert servieren.

Zutaten

- 6 Scheiben Cheddar
- 1 altbackenes Brötchen
- 1 kleine Zwiebel
- 1 Knoblauchzehe
- 3 EL Pflanzenöl
- 600 g gemischtes Hackfleisch
- 1 TL mittelscharfer Senf
- 1 Ei
- 30 g Butterschmalz
- 3 Zwiebeln
- 2 EL Tomatenmark
- 1 EL Ketchup
- 200 ml Gemüsebrühe
- 1 Prise Chilipulver
- 1 Prise Zucker
- 12 Mini-Burgerbrötchen
- 4 Gewürzgurken, in Scheiben geschnitten
- 1 Handvoll Brunnenkresse
- 4 Kirschtomaten
- Salz, Pfeffer

Kalbfleisch-Burger
mit Thunfisch-Mayonnaise

Zutaten

Für die Mayonnaise:

- 100 g Thunfisch natur (aus der Dose)
- 2 Sardellen
- 3 Kapern
- 100 g Mayonnaise
- 1 TL Zitronensaft
- 1 Msp. Zitronenabrieb
- Cayennepfeffer
- Salz

Für die Burger:

- 8 getrocknete Tomaten, in Öl eingelegt
- 80 g grüne Bohnen
- 400 g Kalbshackfleisch
- 1 TL fein gehackte Petersilie
- ¼ TL Zitronenabrieb
- 2 EL Olivenöl
- 4 Burgerbrötchen
- Salz, Pfeffer

Zubereitung

1 Für die Mayonnaise den Thunfisch abtropfen lassen und mit den Sardellen, den Kapern und der Mayonnaise pürieren. Die Soße mit dem Zitronensaft und -abrieb, Salz und etwas Cayennepfeffer würzen bzw. abschmecken. Die getrockneten Tomaten auf Küchenpapier abtropfen lassen. Die Bohnen putzen und in Salzwasser ca. 8 Minuten bissfest blanchieren. Anschließend abgießen und in ca. 5 cm lange Stücke schneiden.

2 Das Hackfleisch mit der Petersilie sowie dem Zitronenabrieb vermischen, salzen, pfeffern und 4 Pattys daraus formen. In einer Pfanne in heißem Öl ca. 3 Minuten von jeder Seite braten.

3 Die Brötchen aufschneiden, nach Belieben rösten und die Unterseiten mit etwas Mayonnaise bestreichen. Darauf je einen Kalbspatty setzen und mit 2 Tomaten und den Bohnen belegen. Sofort servieren.

Halloumi-Burger
mit Grillgemüse und Harissa

Zutaten

- 2 Paprikaschoten, rot und gelb
- 1 kleine Aubergine
- 2 Zwiebeln
- 1 Knoblauchzehe
- 40 g getrocknete Tomaten, in Öl eingelegt
- 3 EL Olivenöl
- 1 TL Harissa
- 1 TL Honig
- 1 TL getrockneter Oregano
- 1 TL edelsüßes Paprikapulver
- 1 TL frisch gehackter Rosmarin
- 1 Prise gemahlener Koriander
- 1 TL Zitronensaft
- 500 g Halloumi
- 4 Mehrkornbrötchen
- Salz, Pfeffer

Zubereitung

1 Den Backofen auf 200 °C (Umluft 180 °C) vorheizen. Die Paprika waschen, halbieren, von Kernen und Innenhäuten befreien und in Streifen schneiden. Die Aubergine putzen, waschen und in ca. 1 cm breite Scheiben schneiden. Die Zwiebeln und den Knoblauch abziehen. Die Zwiebeln in breite Streifen schneiden. Den Knoblauch klein hacken. Die Tomaten abtropfen lassen und das Öl auffangen. Das Olivenöl mit dem Harissa, dem Honig, den Kräutern und Gewürzen sowie dem Zitronensaft in einer großen Schüssel verrühren. Mit Salz und Pfeffer würzen.

2 Das Gemüse gut mit der Marinade vermischen und anschließend auf ein mit Backpapier belegtes Backblech geben. Im vorgeheizten Backofen 15–20 Minuten backen. Dabei ab und zu wenden.

3 Den Halloumi in Scheiben schneiden. Eine beschichtete Grillpfanne mit etwas Tomatenöl dünn auspinseln und den Halloumi hineinlegen. Je Seite ca. 3 Minuten hellbraun und knusprig braten.

4 Die Brötchen aufschneiden und mit dem Halloumi und dem Grillgemüse belegen. Mit Zahnstochern fixieren und servieren.

MEER HOT & DELICIOUS

Burger mit Surimi-Salat

Zutaten

- 1 große Tomate
- 1 rote Zwiebel
- 1 Avocado
- Saft von 1 Zitrone
- 4 Salatblätter, z. B. Kopfsalat
- 2 – 3 Stängel Koriandergrün
- 3 – 5 g Ingwer
- 400 g Surimi (japanische Fischmasse)
- 2 EL Sojaöl
- weißer Pfeffer
- 4 Brötchen, z. B. Dinkel-Vollkorn
- 4 EL Mayonnaise
- Salz

Zubereitung

1 Die Tomate waschen und aus der Mitte vier schöne Scheiben herausschneiden. Den Rest anderweitig verwenden. Die Zwiebel abziehen und in feine Ringe schneiden. Die Avocado halbieren, von Schale und Kern befreien und in Scheiben schneiden. Mit ein wenig Zitronensaft beträufeln und salzen. Den Salat waschen und trocknen. Den Koriander abbrausen, trocken schütteln und die Blättchen grob hacken. Den Ingwer schälen und fein reiben.

2 Das Surimi in Stücke schneiden und diese in die einzelnen Fasern zerpflücken. Surimi mit dem Ingwer, dem übrigen Zitronensaft, dem Öl und dem Koriandergrün vermischen und den Salat mit Salz und Pfeffer abschmecken.

3 Die Brötchen halbieren und die Schnittflächen auf dem Grill oder Toaster leicht rösten. Die Unterseiten mit Mayonnaise bestreichen und mit je 1 Salatblatt belegen. Darauf den Surimi-Salat geben und mit der Avocado, den Tomaten und den Zwiebeln belegen. Die Brötchenoberseite darauflegen und servieren.

Filet-Burger
mit Ajvar und Ziegenkäse

SCHWEIN
HOT & DELICIOUS

Zutaten

2 – 3 EL Ajvar (Würzpaste aus Paprika)
150 g Frischkäse
4 Scheiben Schweinefilet, à ca. 80 g
1 EL Olivenöl
2 – 3 milde Chilischoten
2 – 3 Stängel Koriandergrün
4 Brötchen
150 g Ziegenkäse
Salz, Pfeffer

Zubereitung

1 Das Ajvar mit dem Frischkäse glatt rühren und mit Salz und Pfeffer abschmecken. Das Filet abbrausen, trocken tupfen und die Scheiben leicht flach klopfen. Mit Salz und Pfeffer würzen und im heißen Öl in einer Grillpfanne von beiden Seiten 1–2 Minuten goldbraun anbraten. Bei milder Hitze gar ziehen lassen.

2 Die Chilischoten waschen, putzen und grob hacken. Das Koriandergrün abbrausen, trocken schütteln, abzupfen und grob hacken.

3 Die Brötchen toasten, halbieren und die Unterseiten mit der Ajvarcreme bestreichen. Darauf das Fleisch legen und den Ziegenkäse darüberbröckeln. Mit dem Chili und dem Koriander garnieren, leicht salzen und pfeffern. Die Brötchendeckel darauflegen und servieren.

Enten-Burger

mit Gurke, Lauch und Hoisin-Soße

Zutaten

- ¼ Stange Lauch
- ¼ Gurke
- 400 g Entenbrustfilet, mit Haut
- 1 Ei
- 4 EL Hoisin-Soße (Soße aus roten Sojabohnen)
- 2 – 3 EL Semmelbrösel
- 4 EL Pflanzenöl
- 6 EL Ketchup
- 4 Kaiserbrötchen
- 1 EL Sesamsamen
- Salz, Pfeffer

Zubereitung

1 Den Lauch waschen, putzen und in feine Streifen schneiden. Die Gurke schälen, entkernen und ebenfalls in Streifen schneiden. Mit dem Lauch mischen. Den Backofen auf 160 °C vorheizen.

2 Die Entenbrust abbrausen, trocken tupfen und die Haut mit einem scharfen Messer abtrennen. In Streifen schneiden und zur Seite legen. Die Entenbrust in grobe Stücke schneiden und durch den Fleischwolf drehen (oder beim Metzger frisch durchdrehen lassen). Das Entenhackfleisch mit dem Ei, Salz, Pfeffer, 1 EL Hoisin-Soße und den Semmelbröseln verkneten. Die Masse sollte gut formbar sein, ansonsten noch einige Semmelbrösel unterkneten. Daraus mit feuchten Händen 4 Pattys formen und rundherum in 3 EL heißem Öl kurz anbraten. Dann im Backofen 8 – 10 Minuten gar ziehen lassen.

3 Im übrigen Öl die Entenhaut kross ausbraten. Anschließend auf Küchenpapier das Fett abtropfen lassen. Den Ketchup mit der übrigen Hoisin-Soße verrühren.

4 Die Brötchen halbieren. Die Enten-Pattys auf die Unterseiten der Brötchen setzen und je etwas Lauch-Gurken-Mischung daraufgeben. Mit Soße beträufeln, mit Sesam bestreuen und mit aufgelegtem Brötchendeckel servieren.

Kidneybohnen-Burger

mit Tomate und Spiegelei

VEGGIE
HOT & DELICIOUS

Zutaten

400 g Kidneybohnen (aus der Dose)
ca. 120 g Semmelbrösel
1 rote Zwiebel
1 Prise gemahlener Kreuzkümmel
Chilipulver
1 Tomate
½ Eisbergsalat
5 – 6 EL Pflanzenöl
4 Brötchen
4 Eier
Salz, Pfeffer

Zubereitung

1 Die Bohnen in einem Sieb abbrausen und gut abtropfen lassen. Im Blitzhacker portionsweise mit den Semmelbröseln und ein wenig lauwarmem Wasser (bis zu ca. 75 ml) fein zerkleinern und in eine Schüssel geben. Die Zwiebel abziehen und fein hacken. Mit dem Kreuzkümmel, Salz, Pfeffer und Chili zu den Bohnen geben und alles gut vermischen. Abgedeckt ca. 30 Minuten quellen lassen.

2 In der Zwischenzeit die Tomate waschen, vom Stielansatz befreien und aus der Mitte heraus 4 Scheiben schneiden. Den Salat waschen, trocknen und in Streifen schneiden. Den Backofen auf der Grillfunktion vorheizen.

3 Die Masse für die Burger sollte nun gut formbar sein, nach Bedarf noch etwas Wasser oder Semmelbrösel ergänzen. Mit feuchten Händen daraus 4 Bratlinge formen und in einer Pfanne in 3 – 4 EL heißem Öl auf beiden Seiten je 3 – 4 Minuten braun braten.

4 Die Brötchen halbieren und mit den Schnittflächen nach oben unter dem Grill rösten. Die Eier in einer Pfanne mit dem übrigen Öl zu 4 Spiegeleiern braten. Dabei etwas salzen. Die Burger aus den Brötchen, dem Salat, den Tomaten, den Bratlingen und den Eiern zusammensetzen und sofort servieren.

Lamm-Burger
mit Feta und Kirschtomaten

Zutaten

- 8 Kirschtomaten, rot und gelb
- ½ rote Zwiebel
- 100 g Feta
- 4 Salatblätter, z. B. Frisée
- 1 Scheibe Toastbrot
- 2 Knoblauchzehen
- 400 g Lammhackfleisch
- 1 Eigelb
- 4 EL frisch gehackte Kräuter, z. B. Minze und Petersilie
- Semmelbrösel
- 4 EL Pflanzenöl
- 4 Ciabattabrötchen
- Salz, Pfeffer

Zubereitung

1 Die Tomaten waschen und halbieren. Die halbe Zwiebel abziehen, vierteln und in Streifen schneiden. Den Feta zerkrümeln. Den Salat waschen, trocknen und in Stücke zupfen.

2 Den Toast in lauwarmem Wasser einweichen. Den Knoblauch abziehen, fein hacken und mit dem Hackfleisch, dem Eigelb und 3 EL Kräuter in eine Schüssel geben. Den ausgedrückten Toast dazugeben, mit Salz und Pfeffer würzen und alles zu einer gut formbaren Masse verkneten. Falls nötig, noch Semmelbrösel unterkneten. Daraus 4 Pattys formen und im heißen Öl ca. 3 Minuten je Seite braten.

3 Die Brötchen halbieren und mit dem Salat, den Pattys, dem Feta, den Zwiebeln und den Tomaten belegen. Mit den übrigen Kräutern bestreuen, die Brötchenoberseiten darauflegen und servieren.

VEGGIE
HOT & DELICIOUS

Soja-Burger

Achtung! Die Sojabohnen müssen über Nacht einweichen!

Zutaten

- 200 g getrocknete Sojabohnen
- 1 Zwiebel
- 10 g Ingwer
- 1 EL frisch gehacktes Koriandergrün
- ca. 60 g Semmelbrösel
- 1 Ei
- 1 EL Sojaöl
- 2 Handvoll Blutampfer
- 2 Handvoll Sprossen
- 4 EL Mayonnaise
- 4 Burgerbrötchen
- Salz, Pfeffer

Zubereitung

1 Die Sojabohnen über Nacht in reichlich Wasser einweichen. Am nächsten Tag in frischem Wasser ca. 1,5 Stunden weich kochen. Die Zwiebel und den Ingwer schälen und fein hacken. Die Sojabohnen abgießen und gut abtropfen lassen. Mit dem Pürierstab zerkleinern und mit der Zwiebel, dem Ingwer, dem Koriander und den Semmelbröseln vermengen. Das Ei untermischen und mit Salz und Pfeffer würzen. Eventuell etwas mehr Semmelbrösel verwenden, sodass die Masse gut formbar ist. Daraus 4 Pattys formen und im heißen Öl in einer Grillpfanne 4–5 Minuten je Seite ausbraten.

2 Den Blutampfer abbrausen und trocknen. Die Sprossen ebenfalls abbrausen, und gut abtropfen lassen. Mit der Mayonnaise vermengen.

3 Die Burgerbrötchen halbieren und die Schnittflächen nach Belieben goldbraun rösten. Auf die Unterseiten jeweils die Blutampferblätter und die Sojapattys legen und darauf die Sprossen setzen. Die Deckel auflegen und servieren.

Karotten-Sesam-Burger

mit Avocado

Zutaten

- 400 g Karotten
- 1 Ei
- 3 EL Semmelbrösel
- 1 TL Tahin (aus dem Glas)
- 1 Prise gemahlener Kreuzkümmel
- 1 Prise gemahlener Koriander
- 4 Burgerbrötchen
- 2 EL Salatmayonnaise
- 2 EL saure Sahne
- 2 EL Zitronensaft
- 1 reife Avocado
- 4 EL Pflanzenöl
- 1 rote Zwiebel
- 40 g Rucola
- 4 EL Aprikosen- oder Mangochutney
- Salz, Pfeffer

Zubereitung

1 Die Karotten schälen und grob raspeln. Mit dem Ei, den Semmelbröseln und dem Tahin zu einem gut formbaren Teig verkneten und mit Salz, Pfeffer, Kreuzkümmel und Koriander würzen. Den Grill vorheizen, die Brötchen halbieren und mit der Schnittfläche nach unten goldbraun rösten. Anschließend beiseitelegen.

2 Die Mayonnaise mit der sauren Sahne verrühren und mit Salz, Pfeffer und ½ EL Zitronensaft abschmecken. Die Avocado halbieren, den Kern herausdrehen, das Fruchtfleisch aus der Schale lösen, in Spalten schneiden und mit dem restlichen Zitronensaft mischen.

3 Aus der Karottenmasse 4 Pattys formen, mit Öl bepinseln und diese auf dem heißen Grill unter Wenden ca. 6 Minuten goldbraun braten. Die Zwiebel abziehen und in feine Ringe schneiden. Den Rucola waschen und trocknen. Die Brötchenunterseiten mit der Mayonnaisecreme bestreichen und mit Avocadospalten belegen. Je ein Karottenpatty daraufsetzen, diese mit Zwiebelringen belegen und mit etwas Chutney bestreichen. Den Rucola darauf verteilen und den Brötchendeckel aufsetzen. Sofort servieren.

Auberginen-Burger
mit Halloumi

Zubereitung

1 Den Grill anheizen. Die Aubergine waschen, putzen, in ca. 1 cm breite Scheiben schneiden, mit Salz bestreuen und ca. 30 Minuten ziehen lassen. Den Halloumi in Scheiben schneiden und mit 1–2 TL Pesto bestreichen. 15 Minuten marinieren. Den Rucola waschen und trocknen. Die Tomaten waschen, die Stielansätze entfernen und die Tomaten in Scheiben schneiden.

2 Die Auberginenscheiben trocken tupfen und mit Öl bepinseln. Auf dem heißen Grill oder in einer Grillpfanne unter Wenden 6–7 Minuten garen. Dabei mit Salz und Pfeffer würzen. Den Halloumi auf jeder Seite ca. 1 Minute mitgrillen.

3 Die Brötchen aufschneiden und die Unterseiten dünn mit dem übrigem Pesto bestreichen. Mit dem Rucola, den Tomaten, dem Halloumi und den Auberginen belegen, das übrige Pesto darauf verteilen, die Brötchendeckel aufsetzen und servieren.

Zutaten

- 1 Aubergine
- 200 g Halloumi
- 80 g Basilikumpesto
- 1–2 Handvoll Rucola
- 2 Tomaten
- 1 EL Olivenöl
- 4 Vollkornbrötchen
- Salz, Pfeffer

Gemüse-Burger
mit Joghurt

VEGGIE
HOT & DELICIOUS

Zutaten

600 g Gemüse nach Wahl, z. B. Karotten, Zucchini, Kohlrabi, Blumenkohl

3 Eier

2 EL zarte Haferflocken

2 EL gehackte Macadamianüsse

4 – 5 EL Mehl

Currypulver

Paprikapulver

4 – 6 EL Semmelbrösel

2 EL Pflanzenöl

2 Frühlingszwiebeln

300 g griechischer Joghurt

2 EL gehackte Petersilie

1 EL Zitronensaft

8 Mini-Strauchtomaten

8 Salatblätter, z. B. Lollo bianco

8 Roggenbrötchen

Salz, Pfeffer

Zubereitung

1 Das Gemüse waschen, putzen bzw. schälen und in Stücke schneiden. In Salzwasser zusammen ca. 10 Minuten weich garen. Anschließend abgießen und ausdampfen lassen. Mit dem Kartoffelstampfer in einer Schüssel fein zerdrücken. Mit 2 Eiern, den Haferflocken, den Nüssen und dem Mehl vermischen und zu einem glatten Teig verkneten. Die Masse nach Belieben mit Salz, Pfeffer, Curry- und Paprikapulver würzen und 8 Bratlinge daraus formen. Das übrige Ei verquirlen. Die Bratlinge zuerst im Ei und dann in den Semmelbröseln wenden. Die Panade fest andrücken und die Bratlinge in einer Pfanne in heißem Öl rundherum ca. 8 Minuten goldbraun braten.

2 Die Frühlingszwiebeln waschen, putzen und in feine Ringe schneiden. In einer Schüssel unter den Joghurt mischen und mit Petersilie, Salz, Pfeffer und Zitronensaft abschmecken. Die Tomaten waschen und halbieren. Den Salat waschen und trocknen.

3 Die Brötchen aufschneiden und mit Salatblättern, Bratlingen, einem Klecks Joghurt und Tomaten belegen. Den übrigen Joghurt in ein Schälchen geben und dazureichen.

Thai-Burger

mit Koriander und Gurke

GEFLÜGEL
HOT & DELICIOUS

Zutaten

Für die Pattys:

- 500 g Hähnchenbrustfilet
- ½ Bund Koriander
- 1 Ei
- Semmelbrösel
- 2 EL Pflanzenöl

Für die Burger:

- ¼ Salatgurke
- 1 rote Zwiebel
- 1 rote Chilischote
- 1 Handvoll junge Salatblätter, z. B. Pflücksalat, Spinat
- 4 Burgerbrötchen, mit Sesam
- 4 EL Sweet-Chili-Soße

Zubereitung

1 Die Hähnchenbrustfilets waschen, trocken tupfen und durch den Fleischwolf drehen. Den Koriander waschen, trocknen und einige Blättchen beiseitelegen, den Rest fein hacken. Das Hähnchen mit dem Koriander und dem Ei vermischen und mit Salz und Pfeffer würzen. So viele Semmelbrösel dazugeben, bis die Masse gut formbar ist. 4 Pattys daraus formen und in heißem Öl auf jeder Seite ca. 2 Min. braten.

2 Die Gurke in dünne Scheiben hobeln. Die Zwiebel abziehen und in feine Ringe schneiden. Die Chilischote längs halbieren, von den Kernen befreien und ebenfalls in feine Ringe schneiden. Die Salatblätter waschen und trocknen.

3 Die Brötchen halbieren, die Hälften anrösten und die Unterseite jeweils mit 1 EL Sweet-Chili-Soße bestreichen. Einige Salatblätter, die Pattys, die Zwiebelringe, die Gurkenscheiben und die Chili-Ringe daraufgeben. Mit Korianderblättchen bestreuen, mit den Brötchenoberseiten bedecken und servieren.

Truthahn-Burger
mit Mozzarella, Tomate und Rucola

GEFLÜGEL
HOT & DELICIOUS

Zutaten

- 1 Mozzarella, ca. 125 g
- 1 Schalotte
- 1 TL mittelscharfer Senf
- 1 Ei
- 400 g Putenhackfleisch
- 2–3 EL Weißbrotbrösel
- 2 EL Pflanzenöl
- 2 Tomaten
- 1 Handvoll Rucola
- 4 Brötchen
- 4 EL Salatcreme
- Salz, Pfeffer

Zubereitung

1 Den Mozzarella abtropfen lassen und klein würfeln. Die Schalotte abziehen und fein würfeln, mit dem Senf und dem Ei unter das Hackfleisch mengen. So viele Brösel untermengen, bis ein gut formbarer Teig entstanden ist. Mit Salz und Pfeffer würzen und 4 Pattys daraus formen. Dabei in die Mitte jeweils ein paar Mozzarellawürfel hineindrücken und mit dem Hackfleischteig ummanteln. In heißem Öl auf beiden Seiten 6–8 Minuten braten.

2 Die Tomaten waschen, vom Stielansatz befreien und in dünne Scheiben schneiden. Den Rucola waschen, putzen, trocken tupfen und nach Bedarf kleiner zupfen.

3 Die Brötchen halbieren und etwas Rucola und die Pattys daraufsetzen. Mit je 1 EL Salatcreme bestreichen und mit dem übrigen Rucola und den Tomatenscheiben belegen. Den Brötchendeckel auflegen und mit einem Spießchen fixieren.

Zutaten

1 Dose Kichererbsen, ca. 400 g
1 Handvoll Spinat
½ Zwiebel
1 Knoblauchzehe
2 – 3 EL Pflanzenöl
ca. 3 EL Semmelbrösel
1 EL fein gehackte Petersilie
gemahlener Kreuzkümmel
gemahlener Koriander
4 Blätter Kopfsalat
4 Brötchen
1 – 2 TL Granatapfelsirup
80 g Gorgonzola
Salz, Pfeffer

Kichererbsen-Spinat-Burger

mit Gorgonzola und Granatapfelsirup

VEGGIE
HOT & DELICIOUS

Zubereitung

1 Die Kichererbsen abbrausen und abtropfen lassen. Den Spinat waschen, trocken schütteln und grob hacken. Die Zwiebel und den Knoblauch abziehen und fein hacken. Beides in einer Pfanne in 1 EL Öl glasig schwitzen. Dann den Spinat unterschwenken und vom Herd ziehen.

2 Die Kichererbsen fein pürieren und mit dem Spinatmix sowie den Semmelbröseln vermischen. Die Petersilie unterheben und alles nach Belieben mit Salz und den Gewürzen abschmecken. Aus der Masse 4 Pattys formen. Falls die Masse nicht fest genug ist, noch etwas Semmelbrösel zugeben. Anschließend in dem übrigen Öl auf jeder Seite ca. 8 Minuten goldbraun braten.

3 Den Salat waschen, trocknen und nach Belieben kleiner zupfen. Die Brötchen aufschneiden und die Schnittflächen mit etwas Granatapfelsirup beträufeln. Mit Salat, Pattys und je einer Scheibe Käse belegen, die Brötchendeckel aufsetzen und nach Belieben mit Holzspießchen fixieren.

DER Renner
Wurstfreun

Zutaten

250 g Sauerkraut
ca. 50 ml Fleischbrühe
1 Lorbeerblatt
Zucker
1 – 2 Handvoll Rucola
1 Handvoll Sprossen, z. B. Alfalfa
4 Cocktailtomaten
4 Bratwürste
1 – 2 EL Pflanzenöl
4 Burgerbrötchen
2 Scheiben Käse, z. B. Bergkäse
Salz, Pfeffer

Bratwurst-Burger mit Kraut

Zubereitung

1 Das Sauerkraut mit der Fleischbrühe und dem Lorbeerblatt im geschlossenen Topf ca. 20 Minuten leise schmoren. Ab und zu umrühren und evtl. noch etwas Brühe ergänzen. Zum Schluss mit Salz, Pfeffer und einer Prise Zucker abschmecken.

2 Den Backofen auf 200 °C (Umluft 180 °C) vorheizen. Den Rucola waschen, trocknen und nach Belieben kleiner zupfen. Die Sprossen waschen und abtropfen lassen. Die Tomaten waschen und halbieren. Die Bratwürste in einer Pfanne in heißem Öl ca. 6 Minuten rundherum braun anbraten.

3 Die Brötchen halbieren, die Unterseiten jeweils mit einer halbierten Scheibe Käse belegen, auf ein mit Backpapier belegtes Blech legen und im Backofen kurz rösten, bis der Käse zu schmelzen beginnt. Anschließend aus dem Backofen nehmen. Die Würste und die Tomaten halbieren. Di Brötchen mit den Würsten, den Tomaten, dem Sauerkraut, dem Rucola und den Spros sen belegen. Mit Holzstäbchen fixieren und nach Belieben mit etwas Senf oder Ketchup servieren.

Lachs-Burger mit Sprossen und Avocadocreme

FISCH
HOT & DELICIOUS

Zutaten

Für die Avocadocreme:

1 ½ reife Avocados
1 EL Limettensaft
4 EL Crème fraîche
Cayennepfeffer

Für die Pattys:

400 g Lachsfilet
1 Ei
1 EL frisch gehackter Dill
½ TL Zitronenabrieb
1 EL Meerrettich
8 – 9 EL Semmelbrösel
1 TL Zitronensaft
2 – 3 EL Pflanzenöl
Salz, Pfeffer

Für die Burger:

1 – 2 Handvoll Rucola
1 rote Zwiebel
1 Tomate
¼ Salatgurke
1 Rote Bete
1 – 2 Handvoll Sprossen
4 Brötchen

Zubereitung

1 Für die Avocadocreme die Avocados halbieren, den Kern herausdrehen und das Fruchtfleisch vorsichtig aus der Schale lösen. Klein würfeln und mit dem Limettensaft mischen. Mit einer Gabel leicht zerdrücken, mit der Crème fraîche mischen und mit Salz und Cayennepfeffer abschmecken.

2 Für die Pattys den Lachs abbrausen, trocken tupfen und grob würfeln. In der Küchenmaschine fein zerkleinern. Das Ei, den Dill, den Zitronenabrieb und den Meerrettich unter den Fisch mengen und so viele Semmelbrösel (ca. 3–4 EL) zufügen, bis die Masse gut formbar ist. Mit Salz, Zitronensaft und Pfeffer abschmecken und 4 Pattys formen. Die übrigen Semmelbrösel auf einen flachen Teller geben und die Pattys darin wälzen. Anschließend in einer Pfanne in heißem Öl auf beiden Seiten je 2–3 Minuten goldbraun braten. Nach dem Braten auf Küchenpapier abtropfen lassen.

3 Den Rucola waschen und trocknen. Die Zwiebel abziehen und in feine Ringe schneiden. Die Tomate waschen, vom Stielansatz befreien und in dünne Scheiben schneiden. Die Gurke waschen und ebenfalls in dünne Scheiben schneiden. Die Rote Bete schälen und in sehr dünne Scheiben hobeln. (Die schönen Scheiben aus der Mitte verwenden und den Rest anderweitig verwerten.) Die Sprossen waschen und auf Küchenpapier abtropfen lassen. Die Toasties nach Belieben aufbacken und anschließend aufschneiden.

4 Jede Brötchenseite mit etwas Avocadocreme bestreichen. Die Burger aus den Zwiebelringen, dem Salat, den Lachs-Pattys, den Rote Bete-, Tomaten- und Gurkenscheiben sowie den Sprossen zusammensetzen. Die Deckel auflegen und nach Belieben mit Spießen fixieren.

Zutaten

- 1 milde, rote Chilischote
- 2 Stängel Oregano
- 150 ml Gemüsebrühe
- 150 ml Milch
- 75 g Polentagrieß, Instant
- 1 EL geriebener Parmesan
- 1 Schalotte
- 350 g Rinderhackfleisch
- 6 – 7 EL Pflanzenöl
- 4 Burgerbrötchen
- Salz, Pfeffer

Polenta-Burger

RIND
HOT & DELICIOUS

mit Chili und Parmesan

Zubereitung

1 Die Chilischote waschen, putzen und fein hacken. Den Oregano abbrausen, trocken schütteln, abzupfen und hacken. Die Gemüsebrühe mit der Milch in einem Topf aufkochen lassen. Den Polentagrieß unter Rühren einrieseln lassen. Unter gelegentlichem Rühren kochen und etwa 5 Minuten ausquellen lassen. Vom Feuer nehmen, Chili, Oregano und Parmesan untermischen und mit Salz abschmecken. Ein Backblech mit 1 – 2 EL Öl bestreichen, die Polentamasse etwa 1 cm dick daraufstreichen. Mindestens 30 Minuten erkalten und fest werden lassen. Dann daraus 4 Kreise ausstechen.

2 Die Schalotte schälen und fein hacken. Unter das Hackfleisch mischen und mit Salz und Pfeffer würzen. Daraus 4 Pattys formen und in 2 – 3 EL heißem Öl in einer Pfanne rundherum 5 – 6 Minuten braten. Die Polentataler in einer beschichteten Pfanne im restlichen Öl auf beiden Seiten 3 – 4 Minuten goldbraun braten.

3 Die Brötchen halbieren, die Schnittflächen nach Belieben rösten und mit den Fleisch-Pattys und den Polentatalern belegt servieren.

Schmeckt am besten mit Mais-Chutney und Coleslaw.

Coleslaw-Rezept siehe Seite 11

Pimento-Burger

RIND
HOT & DELICIOUS

Dazu passen sehr gut Kartoffel-Chips.

Zubereitung

1 Die Paprikaschote waschen, halbieren, putzen und klein würfeln. Die Schalotte und den Knoblauch abziehen und fein hacken. Zusammen mit den Paprikawürfeln in einer heißen Pfanne im Öl glasig anschwitzen. In eine Schüssel geben und abkühlen lassen. Das Eigelb, den gut abgetropften Frischkäse, das Paprikapulver und den Parmesan dazugeben und alles gut vermischen. Mit Salz und Pfeffer abschmecken.

2 Den Backofen auf 200 °C (Umluft 180 °C) vorheizen. Das Hackfleisch mit dem Senf und der Petersilie gut verkneten und mit Salz und Pfeffer würzen. Zu 4 Pattys formen und mit je 1–2 EL der Käsecreme füllen. Die Hackfleischpattys um die Käsemasse herum formen und auf ein mit Backpapier belegtes Backblech legen. Die übrige Creme darüber verteilen und im Ofen ca. 20 Minuten goldbraun backen.

3 Die Brötchen halbieren, mit den gefüllten Pattys belegen und durchgeschnitten servieren.

Zutaten

1 rote Paprikaschote
1 Schalotte
1 Knoblauchzehe
1 EL Pflanzenöl
1 Eigelb
250 g Frischkäse
1 TL scharfes Paprikapulver
2 EL geriebener Parmesan
350 g Rinderhackfleisch
1 TL scharfer Senf
1 EL frisch gehackte Petersilie
4 Burgerbrötchen
Salz, Pfeffer

Thunfisch-Burger

mit Weißkohlsalat und Mangosoße

Zutaten

Für die Soße:

- 1 Mango
- 1–2 TL Limettensaft
- 1 TL Honig
- ½ TL Sambal Oelek
- ca. 50 ml Pflanzenöl
- Salz

Für den Weißkohlsalat:

- 150 g Weißkohl
- 2 EL Weißweinessig
- 1 Prise Zucker
- 1 EL Pflanzenöl
- Salz

Für die Burger:

- 4 Burgerbrötchen mit Sesam
- 4 frische Thunfischfilets, à ca. 120 g
- 1 TL Sesamsamen
- Salz, Pfeffer

Zubereitung

1 Die Mango schälen, das Fruchtfleisch vom Kern schneiden und mit dem Limettensaft, dem Honig und dem Sambal Oelek in einem Mixer fein pürieren. Dabei in dünnem Strahl das Öl einfließen lassen, bis eine sämige Soße entstanden ist. Mit Salz abschmecken.

2 Den Kohl waschen, putzen und in feine Streifen schneiden oder hobeln. Mit dem Essig, dem Zucker, dem Öl und dem Salz vermengen und ziehen lassen.

3 Die Brötchen halbieren und in einer Grillpfanne auf beiden Seiten grillen. Den Fisch abbrausen, trocken tupfen, salzen, pfeffern und in der Grillpfanne ohne Fett auf beiden Seiten 2–3 Minuten grillen. Die untere Hälfte der Brötchen mit etwas Mangosoße bestreichen, darauf den Salat und den Thunfisch geben, wieder mit Mangosoße bestreichen und mit Sesam bestreuen. Jeweils den Deckel auflegen und servieren.

Kabeljau-Burger

mit Röstzwiebeln

Zutaten

Für den Coleslaw:

- 400 g Weißkohl
- 1 Karotte
- ½ Zwiebel
- 80 g Mayonnaise
- 80 g saure Sahne
- 1 TL Dijonsenf
- Zucker
- Zitronensaft
- Salz, Pfeffer

Für die Pattys:

- 400 g Kabeljaufilet
- ½ Chilischote
- 1 Schalotte
- 3 TL Pflanzenöl
- 1 gekochte mehlige Kartoffel vom Vortag
- 1 Ei
- 1 EL frisch gehackte Petersilie
- Zitronensaft
- 2 – 3 EL Semmelbrösel

Für die Burger:

- 2 – 3 Tomaten
- 4 große Salatblätter, z. B. roter Batavia
- 4 Burgerbrötchen mit Sesam
- 4 TL Ketchup
- 4 EL Röstzwiebeln
- Salz, Pfeffer

Zubereitung

1 Die äußeren Blätter vom Kohl entfernen, den Strunk keilförmig herausschneiden und den Kohl auf einer Küchenreibe hobeln oder in feine Streifen schneiden. Die Karotte schälen und in feine Streifen hobeln bzw. schneiden. Beides in einer Schüssel mit den Händen gut vermischen. Die halbe, geschälte Zwiebel in feine Streifen schneiden und zum Gemüse geben. Die Mayonnaise, die saure Sahne und den Senf untermischen. Mit Salz und Pfeffer würzen. Mindestens 30 Minuten durchziehen lassen. Nochmals mit Salz, Pfeffer, Zucker und einigen Spritzern Zitronensaft abschmecken.

2 Das Fischfilet abbrausen, trocken tupfen und fein hacken. Die Chili waschen, entkernen und fein hacken. Die Schalotte abziehen, fein hacken und in 1 EL Öl glasig anschwitzen, dann die Chili untermischen und vom Herd ziehen. Die Kartoffel durch eine Kartoffelpresse drücken. Zusammen mit dem Ei, der Petersilie, der Schalotte, 1 TL Zitronensaft und der Chili unter den Fisch mengen. Falls der Teig zu weich ist, Semmelbrösel untermengen. Mit Salz und Pfeffer würzen. Aus der Masse Pattys formen und in einer Pfanne in dem übrigen Öl pro Seite 3–4 Minuten braten.

3 Die Tomaten waschen, die Stielansätze entfernen und die Tomaten in Scheiben schneiden. Den Salat waschen und trocknen. Die Burgerbrötchen aufschneiden, die Unterseiten dünn mit Ketchup bestreichen, mit Salat belegen und etwas vom Krautsalat daraufgeben. Darauf die Fischpattys und die Tomatenscheiben legen und mit Röstzwiebeln bestreuen. Brötchendeckel auflegen und mit dem übrigen Krautsalat servieren.

Mexican Chicken Burger

GEFLÜGEL
HOT & DELICIOUS

Zutaten

Für die rote Salsa:

- 400 g Fleischtomaten
- 1 frische Chilischote
- 1 kleine Zwiebel
- 2 EL Pflanzenöl
- 1 Knoblauchzehe
- Currypulver
- Salz, Pfeffer

Für die Burger:

- 1 Avocado
- 1 – 2 TL Limettensaft
- 4 Hähnchenschnitzel, à ca. 120 g
- 1 Ei
- ca. 40 g Mehl
- ca. 120 g Paniermehl
- 40 g Butterschmalz
- 4 Scheiben Cheddar
- 4 Burgerbrötchen
- Salz, Pfeffer

Zubereitung

1 Die Tomaten überbrühen, häuten und klein schneiden. Die Chili waschen, halbieren, entkernen und fein hacken. Die Zwiebel abziehen und fein hacken. Das Öl in einem Topf erhitzen und die Zwiebel darin weich dünsten. Den Knoblauch abziehen und dazupressen. Tomaten und Chilistücke untermischen und zugedeckt bei schwacher Hitze etwa 15 Minuten sämig köcheln lassen. Die Salsa mit Curry, Salz und Pfeffer abschmecken und abkühlen lassen.

2 Den Backofen auf 120 °C (Umluft 100 °C) vorheizen. Die Avocado aufschneiden, den Kern entfernen und das Fruchtfleisch aus der Schale lösen. Sofort mit etwas Limettensaft vermengen und mit einer Gabel fein zerdrücken.

3 Die Hähnchenschnitzel waschen, trocken tupfen und zwischen 2 Lagen Frischhaltefolie legen. Mit einem Fleischklopfer etwas dünner klopfen, salzen und pfeffern. Das Ei verquirlen. Die Schnitzel in Mehl wenden, überschüssiges Mehl abklopfen, dann durch das verquirlte Ei ziehen und zum Schluss in Paniermehl wenden. Die Panade andrücken und die Schnitzel in einer heißen Pfanne mit zerlassenem Butterschmalz rundherum goldbraun braten. Anschließend mit je 1 Scheibe Käse belegen und im Backofen kurz gratinieren, bis der Käse schmilzt.

4 Die Brötchen halbieren, nach Belieben rösten und mit der Avocadocreme bestreichen. Die Hähnchenschnitzel daraufsetzen und mit etwas Salsa beträufeln.

Hähnchensalat-Burger

mit Feldsalat

GEFLÜGEL
HOT & DELICIOUS

Zutaten

- 2 Stängel Petersilie
- 1 Lorbeerblatt
- 1 TL Pfefferkörner
- 2 Hähnchenbrustfilets, à ca. 150 g
- 2 EL Rosinen
- 100 g Mayonnaise
- 1 TL Currypulver
- 1 TL Zitronensaft
- 2 Handvoll Feldsalat
- 4 Burgerbrötchen mit Sesam
- 1 EL geröstete Mandelblättchen
- Salz, Pfeffer

Zubereitung

1 Die Petersilie abbrausen, trocken schütteln und mit dem Lorbeerblatt, den Pfefferkörnern und ca. 400 ml Wasser aufkochen lassen. Das Hähnchen abbrausen, in das Wasser legen und darin bei milder Hitze ca. 10 Minuten gar ziehen lassen. Anschließend aus dem Sud nehmen, auskühlen lassen und in kleine Stücke schneiden.

2 Die Rosinen mit der Mayonnaise und dem Currypulver verrühren und mit Zitronensaft, Salz und Pfeffer abschmecken. Die Hähnchenstücke untermischen. Den Feldsalat waschen, putzen und trocknen.

3 Die Brötchen halbieren und mit dem Feldsalat und dem Hähnchensalat belegen. Mit den Mandeln bestreuen, die Deckel auflegen und servieren.

FISCH
HOT & DELICIOUS

Seelachs-Burger

mit Ingwer-Mayonnaise

Zutaten

1 Scheibe Toastbrot
500 g küchenfertiges Seelachsfilet
1 Ei
5–8 EL fein zerstoßene Cornflakes
2–3 EL eingelegter Ingwer
150 g Salatmayonnaise
1 Handvoll Rucola
2 Tomaten
1 rote Zwiebel
2 EL Pflanzenöl
4 Burgerbrötchen
Salz, Pfeffer

Zubereitung

1 Das Toastbrot in lauwarmem Wasser einweichen, gut ausdrücken und zusammen mit dem Fisch in den Blitzhacker geben und grob zerkleinern. Das Ei zufügen und alles zu einer glatten Masse mixen, mit Salz und Pfeffer würzen. 1–2 EL Cornflakes untermixen, bis eine gut formbare Masse entstanden ist. Die übrigen Cornflakes fein zerstoßen. Aus der Masse 4 Pattys formen und diese in den restlichen Cornflakes wälzen und gut andrücken.

2 Den Ingwer abtropfen lassen und klein hacken. Unter die Mayonnaise mischen und mit Salz und Pfeffer abschmecken. Den Rucola waschen, putzen, trocknen und nach Belieben in Stücke zupfen. Die Tomaten waschen, vom Stielansatz befreien und in Scheiben schneiden. Die Zwiebel abziehen und in Ringe schneiden. Die Fischburger im heißen Öl auf beiden Seiten je 2–3 Minuten goldbraun braten.

3 Die Brötchen halbieren, die unteren Hälften mit der Mayonnaise bestreichen. Darauf die Tomatenscheiben geben, mit den Zwiebelscheiben belegen und anschließend je ein Patty und einige Rucolablätter daraufsetzen. Den Deckel auflegen und servieren.

SCHWEIN HOT & DELICIOUS

RIND HOT & DELICIOUS

Weltmeister-Burger

mit Käse und Remoulade ....

Zutaten

450 g gemischtes Hackfleisch

gemahlener Kümmel

gemahlener Koriander

2 EL Pflanzenöl

4 Salatblätter, z. B. Kopfsalat

2 Tomaten

4 Burgerbrötchen mit Sesam

3 – 4 EL Mayonnaise

3 – 4 EL schwarzer Sesam

4 EL Ketchup

4 EL Remoulade

4 Scheiben Schmelzkäse

Salz, Pfeffer

Zubereitung

1 Das Hackfleisch mit Salz, Pfeffer, Kümmel und Koriander würzen, gut verkneten und zu 4 Burgern formen. In einer heißen Pfanne im Öl 5–6 Minuten goldbraun braten.

2 Den Salat waschen, putzen und trocknen. Die Tomaten waschen, vom Stielansatz befreien und in Scheiben schneiden. Die Brötchen halbieren. Mit der Mayonnaise kleine Fußball-Fünfecke auftragen und dann im Sesam wälzen.

3 Die Unterseite der Burger mit dem Salat, dem Ketchup, der Remoulade, den Tomaten und dem Käse belegen. Mit dem Deckel abschließen und servieren.

Gemüse-Cheeseburger

Zutaten

Für die Pattys:

- 1 Schalotte
- 3 EL Butterschmalz
- 1 Karotte
- 120 g Grünkernschrot
- ca. 400 ml Gemüsebrühe
- 2 – 3 EL geriebener Parmesan
- 1 Ei
- 2 EL frisch gehackte Petersilie
- Semmelbrösel
- Salz, Pfeffer

Für die Burger:

- 1 Tomate
- 1 Zwiebel
- 4 Salatblätter, z. B. Lollo bianco
- 2 Essiggurken
- 4 Burgerbrötchen
- 4 EL Remoulade
- 4 Scheiben Käse, z. B. Gouda
- 4 EL Ketchup

Zubereitung

1 Die Schalotte abziehen und fein würfeln. In 1 EL Butterschmalz glasig schwitzen. Die Karotte schälen und grob raspeln. Zusammen mit dem Grünkernschrot zur Schalotte geben und 1–2 Minuten mitdünsten. Mit der Brühe ablöschen und ca. 10 Minuten bei schwacher Hitze quellen lassen. In eine Schüssel geben, den Parmesan einrühren und abkühlen lassen. Dann das Ei und die Petersilie untermischen und, falls nötig, Semmelbrösel ergänzen. Mit Salz und Pfeffer würzen und aus der Masse 4 Bratlinge formen. In einer heißen Pfanne im übrigen Butterschmalz auf beiden Seiten je ca. 5 Minuten langsam goldbraun braten.

2 Die Tomate waschen, putzen und in Scheiben schneiden. Die Zwiebel abziehen und in Ringe schneiden. Den Salat waschen, putzen, trocknen und in Stücke zupfen. Die Gurken in Scheiben schneiden.

3 Die Brötchen halbieren und die Schnittflächen rösten. Mit der Remoulade bestreichen und mit dem Salat, den Bratlingen, der Zwiebel, den Tomaten und dem Käse belegen. Den Ketchup darübergeben, die Deckel auflegen und servieren.

Zutaten

- 2 Zwiebeln
- 1 rote Chilischote
- 2 – 3 EL Pflanzenöl
- ca. 100 ml weißer Traubensaft
- 250 g kernlose blaue Weintrauben
- 1 TL Honig
- 1 – 2 EL Rotweinessig
- 400 g gemischtes Hackfleisch
- 4 Brötchen mit Sesam
- 1 Tomate
- 4 Salatblätter, z. B. Batavia
- Salz, Pfeffer

Hamburger
mit Trauben-Zwiebel-Relish

RIND – HOT & DELICIOUS
SCHWEIN – HOT & DELICIOUS

Zubereitung

1 Die Zwiebeln abziehen und fein würfeln. Die Chilischote waschen, halbieren, putzen, fein hacken und zusammen mit der Zwiebel in einem heißen Topf mit 1 EL Öl leicht goldbraun anschwitzen. Mit dem Traubensaft ablöschen. Die Trauben waschen und halbieren. Mit in den Topf geben und alles etwa 25 Minuten dicklich einköcheln lassen. Währenddessen gelegentlich rühren. Mit dem Honig, dem Essig, Salz und Pfeffer abschmecken, von der Hitze nehmen und abkühlen lassen.

2 Das Hackfleisch mit Salz und Pfeffer würzen und zu 4 Pattys formen. In einer heißen Pfanne im restlichen Öl ca. 6 Minuten goldbraun braten. Die Brötchen halbieren und auf den Schnittflächen ebenfalls leicht anrösten.

3 Die Tomate waschen, vom Stielansatz befreien und in dünne Scheiben schneiden. Den Salat waschen und trocknen. Den Salat mit den Pattys auf die Brötchenunterseiten legen, darauf die Tomaten verteilen und mit dem Brötchendeckel abschließen. Mit dem Relish servieren.

Besonders saftig!

Gegrillter Hähnchenburger

Zutaten

4 Hähnchenbrustfilets, à ca. 120 g
2 – 3 EL Pflanzenöl
1 TL edelsüßes Paprikapulver
Cayennepfeffer
Currypulver
1 EL Zitronensaft
4 Burgerbrötchen mit Sesam
1 Handvoll Feldsalat
2 Tomaten
4 EL Mayonnaise
Salz

Zubereitung

1 Die Hähnchenbrustfilets abbrausen, trocken tupfen und flach klopfen. Das Öl mit dem Paprikapulver, etwas Cayennepfeffer sowie Curry und dem Zitronensaft verrühren und damit das Fleisch bestreichen. Abgedeckt im Kühlschrank ca. 30 Minuten ziehen lassen. Dann auf dem heißen Grill auf beiden Seiten 6–8 Minuten grillen. Mit Salz würzen.

2 Die Brötchen halbieren und die Schnittflächen goldbraun rösten. Den Feldsalat waschen, putzen und trocknen. Die Tomaten waschen, vom Stielansatz befreien und in Scheiben schneiden. Die Brötchenunterseiten mit der Mayonnaise bestreichen, mit dem Fleisch, dem Salat und den Tomaten belegen, mit dem Deckel abschließen und servieren.

Pizza-Burger

VEGGIE
HOT & DELICIOUS

Zutaten

½ Würfel Frischhefe
1 TL Zucker
ca. 450 g Mehl
5 EL Olivenöl
Mehl für die Arbeitsfläche
200 g stückige Tomaten (aus der Dose)
1 Knoblauchzehe
½ TL getrockneter Oregano
150 g Champignons
250 g Mozzarella
2 Handvoll Rucola
Salz, Pfeffer

Zubereitung

1 Für den Teig die Hefe in eine Schüssel bröckeln, mit dem Zucker und 200 ml lauwarmem Wasser vermischen. Das Mehl, 4 EL Olivenöl und 1 TL Salz zugeben und alles zu einem geschmeidigen Teig verkneten. Nach Bedarf die Mehlmenge variieren. Zugedeckt an einem warmen Ort ca. 1 Stunde gehen lassen.

2 Den Backofen auf 200 °C (Umluft 180 °C) vorheizen. Den Teig in 8 Portionen teilen und auf bemehlter Arbeitsfläche jeweils zu dünnen Fladen ausrollen. Auf mit Backpapier belegte Backbleche legen. Eine Hälfte für die Deckel mit Olivenöl bepinseln. Die Tomaten mit der gepressten Knoblauchzehe und dem Oregano verrühren und mit Salz und Pfeffer abschmecken. Auf die übrigen kleinen Pizzen verteilen und dabei einen schmalen Rand freilassen. Die Pilze putzen und in Scheiben schneiden. Den Käse gut abtropfen lassen und klein würfeln. Mit den Pilzen auf den Pizzen verteilen.

3 Alles zusammen im Backofen ca. 15 Minuten goldbraun backen, die Deckel evtl. ein wenig kürzer. Den Rucola waschen, putzen, trocknen und nach Bedarf kleiner zupfen. Die Pizzen aus dem Backofen nehmen und mit dem Rucola belegen. Jeweils einen Deckel auflegen und servieren.

GEFLÜGEL
HOT & DELICIOUS

Straußen-Burger

Zutaten

1 Avocado

1 TL Zitronensaft

1 Frühlingszwiebel

2 Handvoll Blattsalat, z. B. Rucola, Lollo rosso

1 große Tomate

4 dünne Straußensteaks, à ca. 100 g

2 EL Pflanzenöl

60 g Mais (aus der Dose)

4 Ciabattabrötchen

Salz, Pfeffer

Zubereitung

1 Die Avocado schälen, halbieren, entkernen und das Fruchtfleisch mit einer Gabel fein zerdrücken. Mit Zitronensaft, Salz und Pfeffer abschmecken. Die Frühlingszwiebel waschen, putzen und in feine Ringe schneiden. Den Salat waschen, trocknen und nach Bedarf kleiner zupfen. Die Tomate waschen, vom Stielansatz befreien und in 4 dicke Scheiben schneiden.

2 Das Fleisch abbrausen, trocken tupfen, salzen, pfeffern und in einer heißen Pfanne im Öl auf beiden Seiten je 1–2 Minuten braten. Den gut abgetropften Mais kurz mitschwitzen.

3 Die Brötchen halbieren und mit dem Salat und den Tomaten belegen. Die Steaks mit dem Mais darauf anrichten, mit der Avocado bestreichen und mit den Frühlingszwiebeln bestreuen. Die Deckel auflegen und servieren.

Kobe-Rind-Burger

Zubereitung

1 Die Zwiebeln abziehen, halbieren und in Streifen schneiden. In einer heißen Pfanne in 2 EL Öl langsam goldbraun braten. Mit Salz und Pfeffer würzen. Das Hackfleisch mit Salz und Pfeffer würzen und daraus 4 Pattys formen. Ebenfalls in einer heißen Pfanne im restlichen Öl auf beiden Seiten je 2–4 Minuten (je nach gewünschtem Gargrad) braten.

2 Den Salat waschen, putzen, trocknen und kleiner zupfen. Die Tomaten waschen, vom Stielansatz befreien und in Scheiben schneiden. Die Brötchen halbieren, die Schnittflächen knusprig rösten und mit dem Salat, den Pattys, den Tomaten und den Zwiebeln belegen. Die Deckel auflegen und servieren.

Kobe-Rindfleisch ist das *zarteste Fleisch* der Welt. Das Hackfleisch wird aus den Filets hergestellt.

Zutaten

- 2 Zwiebeln
- 4 EL Pflanzenöl
- 400 g Hackfleisch, vom Kobe-Rind
- 4 Salatblätter, z. B. Eichblatt
- 2 Tomaten
- 4 Burgerbrötchen
- Salz, Pfeffer

Grünkern-Burger mit Mais und Tofu

Zutaten

Für die Grünkern-Pattys:

- 100 g Grünkern
- 100 g Mais (aus der Dose)
- 100 g geräucherter Tofu
- 1 Zwiebel
- 1 Knoblauchzehe
- 5 EL Pflanzenöl
- 1 rote Chilischote
- 2 EL frisch gehackte Petersilie
- 2 – 3 EL Paniermehl
- Salz, Pfeffer

Für die Burger:

- 4 Burgerbrötchen mit Sesam
- 8 Blätter Lollo bianco
- 2 Fleischtomaten
- 1 große, rote Zwiebel
- 2 EL Sojacreme
- 2 EL mittelscharfer Senf
- 4 EL Tomatenketchup

Zubereitung

1 Den Grünkern ca. 1 Stunde einweichen. Danach in 400 ml Wasser ca. 1 Stunde leicht köcheln lassen. Den Mais über einem Sieb abtropfen lassen und grob hacken. Den Tofu würfeln und fein hacken. Die Zwiebel und den Knoblauch abziehen, fein hacken und in einer heißen Pfanne mit 1 EL Öl glasig schwitzen. Die Chili waschen, längs halbieren, entkernen, fein hacken und mit der Petersilie untermischen. Vom Herd ziehen und abkühlen lassen. Den Grünkern abgießen, gut abtropfen lassen und zusammen mit dem Tofu, der Zwiebelmischung, dem Mais sowie Salz und Pfeffer mischen. Die Masse ein wenig anpürieren und bei Bedarf noch etwas Paniermehl unterkneten. Daraus mit feuchten Händen 4 gleichgroße Pattys formen und diese in einer heißen Pfanne mit dem übrigen Öl von beiden Seiten goldbraun braten.

2 Die Brötchen halbieren. Die Salatblätter waschen, trocknen und kleiner zupfen. Die Tomaten waschen, vom Stielansatz befreien und in dünne Scheiben schneiden. Die Zwiebel abziehen und in feine Ringe schneiden. Etwas Sojacreme und Senf auf die Brötchenunterseite verstreichen, mit einem Salatblatt und einigen Zwiebelringen belegen. Je einen Patty daraufsetzen und mit Zwiebelringen, Tomatenscheiben und einem weiteren Salatblatt bedecken. Den Brötchendeckel mit Ketchup bestreichen, aufsetzen und die Burger sofort servieren.

Chili-Burger mit Paprikasoße

RIND
HOT & DELICIOUS

Zubereitung

1 Die Zwiebeln abziehen und fein würfeln. Die Paprikaschoten halbieren, putzen, waschen und klein würfeln. Die Paprika- und die Hälfte der Zwiebelwürfel in 1 EL heißem Öl ca. 5 Minuten langsam weich dünsten. Mit Salz und Pfeffer würzen. Zum Schluss die Petersilie untermischen.

2 Die Chili waschen, der Länge nach aufschneiden, entkernen und fein hacken. Zusammen mit den übrigen Zwiebelwürfeln in 1 TL Öl andünsten. Dann mit dem Hackfleisch verkneten und mit Salz und Pfeffer würzen. Wer es noch schärfer möchte, schmeckt mit Sambal Oelek ab. Mit angefeuchteten Händen 4 Pattys formen. Im restlichen Öl je Seite 3–4 Minuten braten.

3 Die Paprikamischung mit dem Ketchup verrühren. Den Salat waschen und trocknen. Die Brötchen aufschneiden, nach Belieben rösten und mit dem Salat, den Pattys und etwas Paprikasoße belegen. Die Brötchendeckel aufsetzen und servieren.

Zutaten

2 Zwiebeln
2 Paprikaschoten, gelb und rot
3 EL Pflanzenöl
1 TL frisch gehackte Petersilie
1 Chilischote
700 g Rinderhackfleisch
Sambal Oelek (Chilipaste)
5 EL Tomatenketchup
4 Salatblätter, z. B. Eisberg
4 Burgerbrötchen
Salz, Pfeffer

Süßer Erdbeer-Burger

mit Schlagsahne

Zutaten

Für die Brötchen:

- 500 g Mehl
- ½ Würfel Frischhefe
- 75 g Zucker
- ca. 250 ml lauwarme Milch
- 50 g weiche Butter
- 1 Ei

Zum Füllen:

- 2 EL Aprikosenkonfitüre
- 1–2 TL Zitronensaft
- 300 g Erdbeeren
- 300 ml süße Sahne
- ca. 250 g Apfelmus
- bunte Streusel zum Verzieren

Zubereitung

1 Das Mehl in eine Schüssel sieben und in die Mitte eine Mulde drücken. Die Hefe zerbröckeln und mit 1 EL Zucker in etwas lauwarmer Milch auflösen. In die Mulde gießen und mit ein wenig Mehl zu einem Vorteig verrühren. Abgedeckt an einem warmen Ort ca. 30 Minuten gehen lassen. Danach die restliche Milch, den übrigen Zucker, die Butter und das Ei zugeben und zu einem glatten Teig verkneten. Abgedeckt 1 Stunde gehen lassen.

2 Den Backofen auf 200 °C (Umluft 180 °C) vorheizen. Den Teig noch einmal durchkneten und in 12 Stücke teilen. Daraus kleine Bällchen formen und auf ein mit Backpapier belegtes Backblech legen. Im Backofen ca. 15 Minuten goldbraun backen. Vom Blech nehmen und auf einem Kuchengitter auskühlen lassen.

3 Die Konfitüre durch ein feines Sieb streichen. Mit dem Zitronensaft verrühren und leicht erwärmen. Die Erdbeeren waschen, putzen und in Scheiben schneiden. Die Sahne steif schlagen und in einen Spritzbeutel mit gezackter Tülle füllen. Die Brötchen halbieren und mit dem Apfelmus bestreichen. Mit den Erdbeeren belegen, die Schlagsahne aufspritzen und die Brötchendeckel auflegen. Mit der Konfitüre bepinseln und mit den Streuseln verziert servieren.

Schoko-Burger

mit Himbeer-Baiser-Sahne ....

SWEETIES
DELICIOUS

Zutaten

Für die Schoko-Burger:

150 g weiche Butter
150 g Rohrzucker
50 g extrafeiner Zucker
Mark einer Vanilleschote
2 Eier
350 g Mehl
3 TL Backpulver
50 g Kakaopulver
½ TL Salz
150 ml Buttermilch
50 ml Milch

Für die Himbeer-Baiser-Sahne:

200 ml süße Sahne
4–5 Baisers
4–5 EL Himbeermarmelade

Zubereitung

1 Den Backofen auf 180 °C vorheizen. Die Butter, den Zucker und das Vanillemark cremig rühren. Die Eier dazugeben und schaumig schlagen. In eine andere Schüssel das Mehl, das Backpulver und das Salz sieben und die Hälfte dieser Mischung unter das Butter-Ei-Gemisch heben. Die Buttermilch und die Milch hineinrühren, dann den Rest der Mehlmischung unterrühren.

2 Auf zwei mit Backpapier ausgelegte Backbleche mit einem Spritzbeutel jeweils 12 ca. 5 cm große Teigkreise aufspritzen. 10–12 Minuten backen und auf einem Kuchengitter abkühlen lassen.

3 Die Sahne steif schlagen. Die Baisers zerbröckeln und unter die Sahne heben. Die Marmelade in einem kleinen Topf erwärmen. Jeweils eine Kuchenunterseite mit der Sahne bestreichen, die Marmelade darüberträufeln und einen zweiten Kuchen daraufsetzen.

Register

Genehmigte Lizenzausgabe
EDITION XXL GmbH
Fränkisch-Crumbach 2014
www.edition-xxl.de

Idee und Projektleitung:
Sonja Sammüller
Layout, Satz und Umschlaggestaltung:
design cat GmbH

ISBN (13) 978-3-89736-186-7
ISBN (10) 3-89736-186-8

Bildnachweis:
Picture-alliance: StockFood/Baranowski, Andre 34; StockFood/Barnhurst, Noel 43, 45; StockFood/Bauer Syndication 16, 18, 19, 46, 55; StockFood/Bayside 66; StockFood/Bender, Uwe 77; StockFood/Carlott, Caspar 71; StockFood/Castilho, Rua 14, 15, 26, 33, 48, 49, 50, 51, 64; StockFood/Cato-Symonds, Shaun 20; StockFood/Cimbal, Walter 69; StockFood/Cooke, Colin 42; StockFood/Eising Studio – Food Photo & Video 53, 74; StockFood/Fotosearch RM 40; StockFood/Gallai, Beatrix 47; StockFood/Garten, Peter 65; StockFood/Great Stock! 32, 58, 59, Cover back; StockFood/Greg Rannells Photography 75; StockFood/Guth Linse, Tine 12, 13; StockFood/Halmos, Monika 38; StockFood/Hay, John 35; StockFood/Hrbková, Alena 54; StockFood/Jacqui Blanchard Photography 52, Cover back; StockFood/Janssen, Valerie 24; StockFood/Johnér 17; StockFood/Keller & Keller Photography 63; StockFood/King, Dave 72; StockFood/Kosmas, Eva 36; StockFood/Morgans, Gareth 62; StockFood/Norton, Jim 30; StockFood/Orr, Sabin 44; StockFood/Pollock, Jonathan 67; StockFood/Richardson, Alan 28; StockFood/Robbins, Heath 29, Cover back; StockFood/Schardt, Wolfgang 31; StockFood/Schwabe, Kai 76; StockFood/Schwarzwald, Oliver 27; StockFood/Sims, Amy Kalyn 23; StockFood/Spaude, Brenda 39; StockFood/Studer, Veronika 56; StockFood/Tieuli, Anthony 25, 41; StockFood/West, Stuart 37; StockFood/Westermann, Jan-Peter 68, 70; StockFood/Winkelmann, Bernhard 21, 22, 60, 61, 73, 78, Cover back
Shutterstock: Aleynikov Pavel 2/Anna_Pustynnikova 79/best works Cover Back, 2, 13, 16, 17, 27, 28, 33, 45, 49, 69, 71, 15, 60, 78, 79, 46, 38, 35, 52, 26, 42, 61, 64, 65, 68, 22, 40, 48, 14, 19, 23, 50, 57, 58, 66, 67, 72, 74, 47, 51, 53, 54, 55, 56, 59, 70, 73, 76, 12, 17, 18, 20, 21, 24, 25, 27, 29, 30, 31, 32, 33, 34, 36, 37, 39, 41, 43, 44, 45, 62, 63, 69, 71, 75, 77/BKingFoto 6/Brent Hofacker 9/Dream79 10/HorenkO 13, 14, 17, 18, 21, 23, 25, 28, 32, 35, 41, 48, 57, 59, 62, 63, 66, 71, 75, 77/hoverfly 8, 9, 10, 11, 15, 24, 30, 37, 44, 60, 65, 72/IreneArt 24, 30, 44, 60, 72/James Steidl 3/Jiri Hera 8/Joe Gough 11/Joe Iera 28/Julia Garan Cover Front, Cover Back/Kapreski 24, 30, 44, 72/kraphix 2, 4/Lena Pan 15, 24, 24, 24, 30, 30, 44, 60, 60, 72/Lyutskevych Dar'ya 7/Magnia 13, 19, 21, 28, 36, 39, 53, 62, 63/Mega Pixel 14, 20, 22, 26, 29, 32, 38, 40, 42, 46, 50, 52, 54, 58, 64, 67, 68, 74, 76, 78, 79/NatBasil 2–11, 13, 14, 17–23, 25–29, 32–35, 38–43, 45–50, 52–54, 57–59, 61–64, 66–71, 73–79/Paul_Brighton 8/Post424 6/Psisa 7/Razmarinka 5/sarsmis Cover Front, 10, 57/stockcreations Cover Back/Ulyana Khorunzha 9/Viktor1 11/VoodooDot 2